Ken Wilber

Die integrale Zukunft der Religionen

Am Beispiel des Buddhismus

AF210270

Bibliografische Information der Deutschen Nationalbibliothek
Die Deutsche Nationalbibliothek verzeichnet diese Publikation in der
Deutschen Nationalbibliografie; detaillierte bibliografische Daten sind
im Internet über http://dnb.d-nb.de abrufbar
© 2024 by opus magnum, Wiesbaden (www.opus-magnum.de)
Version 1.03

Umschlaggestaltung, Grafik und Layout: Dr. Lutz Müller
Übersetzung aus dem Amerikanischen: M. Habecker / L. Müller
Mit Vorwort und Anmerkungen von M. Habecker / L. Müller

Druck: Libri Plureos GmbH, Friedensallee 273, 22763 Hamburg
Alle Rechte vorbehalten
ISBN: 120 978-3-95612-121-0

Die Originalausgabe dieses Buches erschien unter dem Titel: „Integral Buddhism and
the Future of Spirituality." Copyright: 2014 by Ken Wilber. Published by arrangement
with Shambhala Publications, Inc, Boulder, CO, www.shambhala.com

Ken Wilber

Die integrale Zukunft der Religionen

Am Beispiel des Buddhismus

opus magnum

Inhalt

Einführung

Mit Religion als einer gesellschaftlichen Form von institutionalisierter Spiritualität, Gotteserfahrung oder Erleuchtung hat sich Ken Wilber in seinem Werk schon früh beschäftigt. In seinem Buch *Der glaubende Mensch*[1] befasst er sich mit einer Einführung „in eine ‚nichtreduktionistische' Soziologie der Religion", und führt dort unter anderem neun unterschiedliche Definitionen von Religion auf.[2] Wo immer es in Wilbers Werk um Spiritualität geht, und das ist praktisch in jedem seiner Bücher der Fall, ist auch das Thema „Religion" mit dabei, so auch im Buch *Integrale Spiritualität* und in *The Religion of Tomorrow* (2017), und wieder geht es Wilber um Integration, oder, wie er im Vorwort zu diesem Buch schreibt, darum, „die wichtigsten Religionen der Welt mit ihren grundlegenden Dogmen, Dharmas und Evangelien auf den neuesten Stand zu bringen."

Entwicklung oder Evolution ist etwas, was die gesamte Manifestation erfasst und prägt, und die Religionen dieser Welt sind davon nicht ausgenommen. Der Buddhismus hat, deutlicher als andere Religionen, die Möglichkeit von Entwicklung in seiner eigenen Lehre schon früh mit aufgenommen, und dient Wilber als ein willkommenes Beispiel, wie „Entwicklung" mit „Religion" auf eine fruchtbare Weise zusammengebracht werden kann.[3] Dabei bedient sich Wilber der Elemente seines integralen Ansatzes. Diesen fasst er abgekürzt als AQAL zusammen, was „alle Quadraten, alle Entwicklungslinien, alle Entwicklungsebenen, alle Zustände und alle Typen" bedeutet.

In dem vorliegenden Band verzichtet Wilber auf eine Einführung in sein Werk, und daher möchte ich noch ein paar Anmerkungen zu dem machen, was Wilber hier voraussetzt.

---

1   *A Sociable God, 1983.*
2   „1. Religion als eine nicht-rationale Betätigung, 2. Religion als außerordentlich sinnvolle oder integrative Betätigung, 3. Religion als ein Unsterblichkeitsprojekt, 4. Religion als evolutionäres Wachstum, 5. Religion als Fixierung/Regression, 6. Exoterische Religion, 7. Esoterische Religion, 8. legitime Religion, 9. authentische Religion."
3   Auch in deutschsprachigen Raum gibt es erfreuliche Bemühungen, das Christentum mit dem integralen Ansatz zu verbinden, beispielsweise in Büchern wie *Gott 9.0, Integrales Christentum* und *Von der Anmut der Welt: Entwurf einer integralen Theologie.*

Beim Thema „Entwicklung" unterscheidet Wilber eine Entwicklung durch die – wie er sie nennt – Zustandsstufen des Seins von einer Entwicklung durch die Strukturstufen. Ersterer Entwicklungsweg – als ein *„Aufwachen"* – ist Bestandteil aller spirituell-kontemplativen Traditionen, letzterer Entwicklungsweg – als ein *„Aufwachsen"* – ist Untersuchungsgegenstand der sehr viel jüngeren Entwicklungspsychologie (bzw. dem Entwicklungsstrukturalismus). Beides zu integrieren ist ein wichtiges Anliegen dieses Buches.

Der Weg des Aufwachens ist uns in gewisser Weise sehr vertraut, wenn auch nicht bewusst, in der Form unseres Wach- und Schlaf-zyklus. Dazu schreibt Wilber in *Einfach DAS*[4]:

„Der Schlafzyklus ist etwas Faszinierendes. Der Körper schläft ein, und zurück bleiben das Subtile (Geist und Seele) und das Kausale (der formlose Zeuge). Und wenn der Körper einschläft, zeigen sich der subtile Geist und die Seele lebhaft in Träumen, Visionen und Bildern, manchmal auch in archetypischen Erleuchtungen: der typische Traumzustand. Irgendwann schläft auch das Subtile ein, Geist und Seele, so dass nur noch die Formlosigkeit, der Zustand des traumlosen Tiefschlafs übrig bleibt. Dies ist der Zeuge, das ursprüngliche Selbst in seiner nackten Soheit ohne jegliche Objekte […] Irgendwann im Zustand des traumlosen Tiefschlafs regt sich die Seele, erwacht und taucht aus ihrem Schlaf in der Formlosigkeit auf; dann beginnt das Träumen wieder. Weil die Beschränkungen des grobstofflichen Körpers im Traumzustand aufgehoben sind, können Geist und Seele (das Subtile, tiefere Psychische) ihre tiefsten Wünsche ausdrücken (etwas zu denken oder zu wünschen bedeutet im Traumzustand, dass es sich sofort materialisiert). Deshalb haben Propheten, Heilige, Weise und Tiefenpsychologen Träumen immer so viel Aufmerksamkeit geschenkt: Hier spricht ein tieferes Selbst, dem man in Gottes Namen lauschen sollte. Geht der Traum-zustand zu Ende (der Schlafende durchläuft den Weg zwischen subtilem Traumzustand und kausalem traumlosen Zustand mehr-mals), beginnt sich der grobstoffliche Körper zu regen; der feinstoff-liche Geist verlischt langsam, wenn die grobstoffliche egozentrische

---

4 Wilber, K., Einfach „Das", Tagebuch eines ereignisreichen Jahres, Frankfurt: Fischer, 2001, S. 420.

Orientierung und der grobstoffliche Körper aus ihrem Schlummer erwachen."

Für diese Zustandsstufen als unterschiedliche Erlebensdimensionen verwendet Wilber Begriffe wie grobstofflich, subtil, kausal und nichtdual.

Für die Strukturstufen verwendet Wilber ein Farbmodell der Regenbogenfarben, ergänzt um zusätzliche Zwischenfarben wie „Bernstein". Gleichzeitig verwendet er auch Begriffe von Jean Gebser wie „archaisch", „magisch", „mythisch" usw. Darüber hinaus fasst Wilber die untersten sechs Entwicklungsstufen, Bezug nehmend auf die Arbeit von Clare Graves, in einem 1. Rang zusammen, und die zwei nachfolgenden Stufen bilden dann den „integralen" 2. Rang. Jede dieser Stufen hat ihre jeweils eigene Sichtweise.

Die jeweiligen Erlebnisbereiche der Zustandsstufen und die Sichtweisen der Strukturstufen ergeben zusammen einen konkreten „dualen Bewusstseinsschwerpunkt" eines Menschen auf seinem aktuellen Entwicklungsweg.

Perspektivität spielt in Wilbers Werk eine große Rolle. In diesem Buch wird Perspektivität auf zwei unterschiedliche Weisen verwendet. Zum einen verwendet Wilber den Begriff der Perspektiven entwicklungsorientiert, als eine 1. Person-Perspektive, eine 2. Person-Perspektive, eine 3. Person Perspektive usw., wobei mit jedem Entwicklungsschritt eine Perspektiverweiterung stattfindet.

Außerdem, und abgeleitet aus den vier Quadranten, unterschiedet Wilber a) eine unmittelbar-subjektive Perspektive einer ersten Person - „Ich" -, b) eine zwischenmenschlich-intersubjektive Perspektive einer zweiten Person - „Du" - und c) eine abstandnehmende-objektive Perspektive einer dritten Person - „Es" -.

Zur Übersetzung von mind und spirit: mind als dem, was erfährt, erkennt und versteht, wird mit Geist übersetzt, wohingegen spirit mit GEIST übersetzt wird. Der Ausdruck „ultimative Mind" wurde ebenfalls mit GEIST übersetzt.

Die Religionen unserer Welt, entstanden aus den Erleuchtungserfahrungen (Gotteserfahrungen) ihrer Gründerpersönlichkeiten, waren und sind zum einen Quelle und Inspiration für alle Menschen, sich selbst auf die Suche zu machen nach dem, was nicht von dieser manifesten Welt ist, und was das Menschsein vollendet und trägt, die Erleuchtung bzw. die Entdeckung der Buddhanatur oder des Christusbewusstseins.

Auf der anderen Seite waren und sind die Religionen auch eine andauernde Quelle von Leid, Elend und religiös motivierten Kriegen. Um diesen Widerspruch zu verstehen, warum trotz aller Appelle eines „Friedens auf Erden" sich Menschen im Namen Gottes immer wieder unsagbares Leid zufügen, braucht es ein Verständnis des Menschen von innen her, seines Bewusstseins und dessen Inhalte, Dynamiken und Haltungen, aus denen heraus der Mensch sich verhält. Dieses Buch liefert dazu die entsprechenden Landkarten, und ich bin sehr froh, dass es nun auf Deutsch erscheint.

Michael Habecker, Sommer 2024

Vorwort

Die folgende Darstellung ist eine sehr kurze, einleitende Zusammenfassung eines viel umfangreicheren und detaillierteren Buches *(The Religion of Tomorrow: A Vision for the Future of the Great Traditions – More Inclusive, More Comprehensive, More Complete)*. Vor allem wegen der großen Bedeutung der allgemeinen Ideen hinsichtlich einer „Religion von morgen" wollten wir zusätzlich ein Buch mit einer Zusammenfassung dieser grundlegenden Argumente veröffentlichen.

Der Hauptgedanke ist, dass es an der Zeit ist, die wichtigsten Religionen der Welt mit ihren grundlegenden Dogmen, Dharmas und Evangelien auf den neuesten Stand zu bringen. Mindestens ein Jahrtausend ist vergangen, ohne dass etwas zu den Hauptlehren und den grundlegenden Ideen und Praktiken der großen Religionen hinzugefügt worden wäre.

Diese Lehren sind fast ausnahmslos in einer Zeit entstanden, in der Männer und Frauen buchstäblich noch glaubten, die Erde sei flach; in einer Zeit, in der Sklaverei als normaler Naturzustand angesehen wurde; in der Frauen und andere Minderheiten, wenn überhaupt, als Bürger zweiter Klasse galten; in der die Evolution und die meisten modernen Wissenschaften noch nicht entdeckt worden waren (und daher die Hauptquelle seriösen Wissens als mythische Offenbarung und nicht als wissenschaftliches Experiment angesehen wurde); und in der die multikulturelle Natur unseres Wissens völlig unbekannt war.

Meine These ist, dass die Kernideen der Großen Traditionen zwar bewahrt werden können, aber neu interpretiert und in einen viel umfassenderen Rahmen (als „integraler Rahmen" bezeichnet) eingebettet werden sollten. Dieser Rahmen fügt den Kernlehren die vielen neuen Entdeckungen über spirituelle Erfahrung, spirituelle Intelligenz und spirituelle Entwicklung hinzu, die in den letzten tausend Jahren gemacht wurden. So können die Kernlehren der Traditionen einerseits bewahrt und zugleich transzendiert werden. Es kann ihnen eine beträchtliche Menge neuen Wissens hinzugefügt werden, welches sie für die moderne und postmoderne Welt aktualisiert.

11

Eine solche Aktualisierung der großen Traditionen unter Zuhilfenahme integraler Ansätze hat bereits in vielen Religionen begonnen, einschließlich

a) dem Christentum (siehe z. B. Paul Smiths *Integral Christianity*; Tom Thresher, *Reverent Ieverence*; Bruce Sanguin, *The Emerging Church*; Gary Simmons' Arbeit an der Unity Church; und die Arbeit von Chris Dierkes, Rollie Stanich, Pater Thomas Keating und zahlreichen anderen),

b) dem Hinduismus (Dustin DiPerna, der auch bedeutende integrale Arbeit zu vielen anderen großen Traditionen geleistet hat),

c) dem Islam (Amir Ahmad Nasr, *My Islam*),

d) dem Judentum (Marc Gafnis *Radical Kabbalah*) sowie

e) dem Buddhismus (Jun Po Roshi, der Dharma-Erbe von Eido Roshi; Diane Musho Hamilton; Patrick Sweeney, ein Linieerbe von Chögyam Trungpa; und Traleg Rinpoche) und sie findet sich

f) in Werken wie *The Coming Interspiritual Age* (Kurt Johnson und David Ord), um nur einige zu nennen.

Die Aufregung und Begeisterung, die eine solche Aktualisierung auslöste, war beträchtlich, vor allem wenn man bedenkt, dass sie unter Beibehaltung der Kernlehren der ursprünglichen Tradition durchgeführt werden kann – einschließlich der Möglichkeiten, religiöse Traditionen relativ nahtlos mit der modernen Wissenschaft zu verbinden. Wie bereits erwähnt, sind einige Lehrer seit einigen Jahren dabei, diese Art von Integration auch für den Buddhismus durchzuführen, und es schien daher angebracht, das Wesentliche dieser neuen integralen Annäherung an den Buddhismus zusammenzufassen (als ein Beispiel dafür, wie jede große Tradition im Allgemeinen integral aktualisiert und auf den neuesten Stand des Wissens gebracht werden kann).

Der Buddhismus war – im Gegensatz zu fast allen anderen großen Traditionen – immer offen für die ständige Weiterentwicklung und Erweiterung seiner eigenen Lehren. Dies zeigt sich deutlich im Konzept der „drei (oder vier) Umdrehungen des Rades des Dharma (der Wahrheit)", das eine der Hauptlehren des Buddhismus darstellt.

Demnach hat der Buddhadharma (die buddhistische Wahrheit) selbst bereits drei (oder vier) große evolutionäre Wendungen innerhalb seiner eigenen Lehren durchlaufen.

Die erste Wende begann mit dem ursprünglichen, historischen Gautama Buddha und ist bis heute z.B. in der Theravada-Lehre erhalten. Die Zweite Wende leitete der geniale Nagarjuna um 200 n. Chr. mit seiner revolutionären Idee des Shunyata oder der radikalen Leerheit oder „Unqualifizierbarkeit" der letztendlichen Wirklichkeit ein, von der man weder sagen kann, dass sie ist, noch dass sie nicht ist, noch dass sie beides ist, noch dass sie weder ist noch dass sie nicht ist. Ziel war es, den Geist von allen Konzepten über die Wirklichkeit zu befreien, so dass die Wirklichkeit direkt erfahren werden konnte; dieses Konzept wurde von da an zur Grundlage praktisch aller Lehren des Mahayana („Größeres Fahrzeug") und des Vajrayana („Diamantfahrzeug").

Die dritte Wende fand mit den Halbbrüdern Asanga und Vasubandhu statt und wird allgemein als Yogachara-Schule bezeichnet, manchmal auch als „Nur-Geist"-Schule (die mit Nagarjuna darin übereinstimmt, dass die letztendliche Wirklichkeit Leerheit, aber auch der letztendliche GEIST ist).

Diese Lehre wurde zu einer zentralen Grundlage der großen Tantra- und Vajrayana-Lehren (Diamantweg), die besonders an Orten wie der außergewöhnlichen Nalanda-Universität in Indien vom 8. bis 11. Jahrhundert n. Chr. zur Blüte gelangten und in den tibetischen buddhistischen Schulen unvermindert fortgeführt wurden – und in der Tat betrachten viele Buddhisten Tantra und Vajrayana als die „vierte Umdrehung des Rades". Diejenigen, die diese Drehungen oder Umdrehungen anerkannten, waren der Auffassung, dass jede von ihnen dazu tendierte, die vorhergehenden zu „transzendieren und zu umfassen", wobei sie alle mit vielen der ursprünglichen Aussagen des Buddha übereinstimmten und dann ihre eigenen neuen Lehren hinzufügten.

Der Buddhismus ist es also gewohnt, seine eigenen Hauptlehren durch neue und tiefgreifende Ergänzungen zu aktualisieren. Seit der Dritten Wende sind jedoch rund 1500 Jahre vergangen. Auch die großen tantrischen Schulen, die (wie erwähnt) ihre Blütezeit zwischen dem 8. und 11. Jahrhundert hatten, sind inzwischen fast tausend Jahre alt. Auch hier ist die Zeit mehr als reif für eine neue grundlegende Ergänzung, d.h. für eine neue Drehung des Rades des Dharma. Viele Lehrer sind sich seit einigen Jahren einig, dass die im Folgenden vorgestellte Version ihre Nützlichkeit und Vielseitigkeit in dieser Hinsicht bereits unter Beweis gestellt hat.

Das vorliegend Buch ist in drei Hauptteile gegliedert. Teil 1 befasst sich mit der Geschichte des Buddhismus und seinen drei früheren Strömungen. Teil 2 beschreibt kurz den vorgeschlagenen neuen integralen Rahmen und zeigt seine grundlegenden Elemente und Prozesse auf. Teil 3 schließt mit einigen Überlegungen zur möglichen Zukunft des Buddhismus und vergleicht die Zukunft des Buddhismus, wenn er integral wird, mit seiner Zukunft, wenn er es nicht wird. Diese Zukunft ist der anderer großer Traditionen nicht unähnlich: Die spirituellen Systeme müssen in der modernen und postmodernen Welt eine sinnvolle Rolle spielen, sonst sind sie vom Aussterben bedroht (oder, alternativ, sie werden sich auf kindlich denkende Menschen beschränken).

Die Vorschläge, wie dies mit dem Buddhismus geschehen kann, sind im Wesentlichen Vorschläge, die sich auf praktisch jede andere Religion anwenden lassen, und deshalb glaube ich, dass dieses Buch seinen Leserinnen und Lesern, gleich welchen Glaubens (einschließlich Atheisten und Agnostikern, Theisten und Nicht-Theisten), viel zu bieten hat.

In Demut und Dankbarkeit biete ich daher die folgenden Vorschläge an, um der Spiritualität den zentralen und grundlegenden Platz zurückzugeben, den sie im menschlichen Leben während der meisten Zeit unseres Daseins auf Erden eingenommen hat, auch wenn sie in den letzten Jahrhunderten immer weniger respektiert wurde. Möge es Ihnen helfen, Ihren eigenen Glauben (sei er atheistisch oder agnostisch, theistisch oder nicht-theistisch) in diesem wunderbaren, erstaunlichen, geheimnisvollen und wundervollen Kosmos verorten zu können.

Ken Wilber
Denver, Colorado, Herbst 2013

Erster Teil
Die Vergangenheit

1. Historische Einführung

Der Buddhismus ist in vielerlei Hinsicht ein einzigartiges spirituelles System, das jedoch auch einige grundlegende Ähnlichkeiten mit den anderen großen Weisheitstraditionen der Menschheit aufweist. Eines der bemerkenswertesten Merkmale einiger Schulen besteht vielleicht in dem Verständnis, dass ihr eigenes System sich entwickelt oder im Entstehen begriffen ist. Dies kommt im Allgemeinen in der Vorstellung von den „Drei Großen Wendungen" des Buddhismus zum Ausdruck, d. h. den drei Hauptstufen der Entfaltung, die der Buddhismus selbst durchlaufen hat.

Diese drei Wendungen sind erstens der frühe Buddhismus, der heute im Allgemeinen von der Theravada-Schule vertreten wird und von dem man annimmt, dass er die ursprünglichen Lehren des historischen Gautama Buddha enthält, aus der großen Achsenzeit um das 6. Jahrhundert v. Chr; die Zweite Wendung bzw. Drehung des Rades wird vertreten durch die Madhyamika-Schule, die von Nagarjuna um das 2. Jahrhundert n.Chr. gegründet wurde; und die Dritte (und bis heute letzte) große Drehung ist die der Yogachara-Schule, die ihren Ursprung im 2. Jahrhundert n. Chr. hat, aber ihre Blütezeit im 4. Jahrhundert n. Chr. mit den Brüdern Asanga und Vasubandhu erlebte. Wie bereits erwähnt, betrachten einige Buddhisten, insbesondere die Vajrayana-Schulen, Tantra und seine Vajrayana-Ableger als „Vierte Wende", die insbesondere an der Nalanda-Universität ab dem 8. Jahrhundert ihre konkrete Ausgestaltung erlebte.

Die Madhyamika-Schule, die dem Frühbuddhismus in vielerlei Hinsicht kritisch gegenübersteht, transzendiert und integriert viele seiner grundlegenden Lehren, während sie gleichzeitig jene Vorstellungen kritisiert, die sie für unvollständig oder begrenzt hält.

Die Yogachara-Schule, insbesondere die Yogachara-Svatantrika-Madhyamika genannte Schule aus dem 8. Jahrhundert, versuchte, alle drei Richtungen zu integrieren und zu synthetisieren.

Die Vajrayana-Schulen enthalten ebenfalls viele der Lehren der ersten drei Richtungen und fügen dann ihre eigenen tiefgründigen

Beiträge hinzu, die sich, kurz gesagt, nicht nur auf Weisheit und Mitgefühl konzentrieren, sondern auch auf Leuchtkraft und eine Vielzahl geeigneter Mittel und Methoden.

Viele buddhistische Lehrer stimmen mit Psychologen und Soziologen darin überein, dass die Welt heute, zumindest in einigen wichtigen Aspekten, eine globale Transformation durchläuft. Sie glauben, dass sich diese Transformation auch auf den Buddhismus auswirken wird, was zu einer weiteren Entfaltung als einer Vierten Großen Wendung des Buddhismus führt. Diese Vierte Wendung fügt neuere Erkenntnisse aus so unterschiedlichen Bereichen wie der Evolutionsbiologie und der Entwicklungspsychologie hinzu – die alle direkt und in erheblichem Maße für den Bereich der Spiritualität relevant sind (d. h. es handelt sich nicht nur um theoretische und spekulative Anhängsel).

Diese neue Wendung, die unter verschiedenen Namen bekannt ist – vom evolutionären Buddhismus bis zum integralen Buddhismus –, geht über ihre Vorgänger hinaus und schließt sie gleichzeitig mit ein, indem sie neues Material hinzufügt und auch alle wesentlichen Elemente beibehält. Besonders bemerkenswert an dieser Entwicklung ist, dass sie im Einklang mit dem allgemeinen Verständnis des Buddhismus ist. Selbst der Dalai Lama hat beispielsweise gesagt, dass der Buddhismus mit der modernen Wissenschaft Schritt halten muss, sonst wird er veralten und überflüssig werden.

Ein kurzer Blick auf die Geschichte des Buddhismus zeigt, worum es geht. Der ursprüngliche Buddhismus basierte auf Vorstellungen wie dem Unterschied zwischen *Samsara* (der Quelle des Leidens) und *Nirvana* (der Quelle der Erleuchtung oder des Erwachens); den drei Merkmalen der samsarischen Existenz – *Dukkha* (oder Leiden), *Anicca* (oder Unbeständigkeit) und *Anatta* (oder Nicht-Selbst); – und den vier Edlen Wahrheiten:

(1) Das Leben, wie es in Samsara gelebt wird, ist Leiden;
(2) die Ursache dieses Leidens ist Verlangen oder Ergreifen;
(3) das Verlangen oder Ergreifen zu beenden bedeutet,
    das Leiden zu beenden;

(4) es gibt einen Weg, dies zu tun, nämlich den achtfachen Weg
   – rechte Erkenntnis,
   – rechter Entschluss,
   – rechte Rede,
   – rechtes Handeln,
   – rechter Lebenserwerb,
   – rechte Anstrengung,
   – rechte Bewusstheit und
   – rechte Versenkung.

Das letztendliche Ziel des frühen Buddhismus war es, Samsara – dem manifesten Bereich von Leben, Tod, Wiedergeburt, Alter und Krankheit – vollständig zu entkommen, indem man dem achtfachen Weg folgte und das Nirvana erreichte. „Nirvana" bedeutet im Wesentlichen formloses Verlöschen. Die Vorsilbe „nir" bedeutet „ohne", und „vana" bedeutet „alles", vom Verlangen über das Ergreifen und die Lust bis hin zum Verlangen nach der Form selbst. Die allgemeine Bedeutung ist „ausgeblasen" oder „ausgelöscht". Einigen Schulen zufolge gibt es sogar eine extreme Form des Nirwana, die *Nirodh* genannt wird – ein völliges Verlöschen, bei dem weder Bewusstsein noch Objekte erscheinen, und das man sich als unendliche Formlosigkeit vorstellen kann. Wie dem auch sei, das Ziel ist klar: Raus aus Samsara und rein ins Nirvana.

Das war die Grundform des Buddhismus, wie er fast 800 Jahre lang praktiziert wurde, bis Nagarjuna (etwa 2. Jahrhundert n. Chr) begann, dieser seltsamen Dualität zwischen Samsara und Nirvana Aufmerksamkeit zu schenken. Für Nagarjuna gibt es keinen ontologischen Unterschied zwischen Samsara und Nirvana. Der Unterschied ist lediglich epistemologischer Natur. Die Wirklichkeit, die durch Konzepte und Kategorien betrachtet wird, erscheint als Samsara, während dieselbe Wirklichkeit, die frei von Konzepten und Kategorien betrachtet wird, Nirvana ist. Samsara und Nirvana sind daher nicht-zwei, oder „nondual" – zwei verschiedene Aspekte derselben Sache. Dies führte zu einer großen Revolution im buddhistischen Denken und in der buddhistischen Praxis.

Nagarjuna stützt sich auf die Doktrin der „Zwei Wahrheiten" – es gibt eine relative oder konventionelle Wahrheit und eine absolute oder letztendliche Wahrheit. Relative Wahrheit kann kategorisiert werden und ist die Grundlage von Disziplinen wie Wissenschaft, Geschichte, Recht usw. Dass Wasser aus zwei Wasserstoff- und einem Sauerstoffatom besteht, ist beispielsweise eine relative Wahrheit. Die letztendliche Wahrheit lässt sich jedoch überhaupt nicht kategorisieren. Auf der Grundlage der so genannten „Vier Unaussprechlichen" kann man nicht sagen, dass die letztendliche Wirklichkeit weder Sein noch Nichtsein, weder beides noch keines von beidem ist. Man kann nicht sagen, dass sie das Selbst (*atman*) oder das Nichtselbst (*anatman*) ist, weder beides noch keines von beidem. Und so weiter, für jede Art von Kategorie.

Der Grund dafür ist, dass jedes Konzept, das man sich ausdenkt, nur in Bezug auf sein Gegenteil Sinn macht (befreit versus gebunden, unendlich versus endlich, etwas versus nichts, implizit versus explizit, Vergnügen versus Schmerz und so weiter) – die letztendliche Wirklichkeit hat jedoch kein Gegenteil und kann daher überhaupt nicht kategorisiert werden (einschließlich dieser Aussage). Nagarjuna sagt: „Sie ist weder leer, noch nicht leer, noch beides, noch keines von beiden, aber um darauf hinzuweisen, wird sie die Leere genannt" – die Leere, *Shunyata,* oder Leerheit. Es ist ein radikales *„neti, neti"* – „nicht dies, nicht das" – wobei *„neti, neti"* jegliche Eigenschaft verneint.

Das bedeutet, dass die Leere oder die letztendliche Wirklichkeit nicht von allem, was entsteht, getrennt ist. Sie ist die Leere von allem, was erscheint. Frei von Konzeptualisierung oder Kategorisierung betrachtet, ist alles, was entsteht, Leere, oder Leere ist die Wirklichkeit von jedem einzelnen Ding in der manifesten und unmanifesten Welt – es ist die Soheit oder Istheit jedes einzelnen Dinges, welches unmittelbar *so betrachtet wird, wie es ist,* und nicht so, wie es benannt, beurteilt oder kategorisiert wird.

Durch Konzepte und Kategorien betrachtet, erscheint das Universum als Samsara – aufgebaut aus radikal getrennten und isolierten Dingen und Ereignissen, und das Greifen nach diesen und das Anhaften an ihnen verursacht Leiden. Betrachtet man die Welt des Samsara jedoch mit *Prajna* (nicht-begriffliches Gewahrsein), ist sie in Wirklichkeit das selbstbefreite Nirvana. (Im Wort „prajna" ist das „jna" im Englischen übrigens „kno" – wie in „Wissen"[1] – oder „gno" – wie in „Gnosis" – und „pra" ist „pro" – also ist prajna eine Pro-Gnosis, ein nonduales, unqualifizierbares Wissen oder Bewusstsein, das Erleuchtung oder Erwachen bringt. Erwachen zu was? Zur radikalen Freiheit oder unendlichen Befreiung der reinen Leere, obwohl diese Begriffe bestenfalls Metaphern sind).

Da es keine radikale Trennung zwischen Samsara und Nirvana gibt (Samsara und Nirvana sind „nicht-zwei", oder wie das *Herz-Sutra* die Nondualität zusammenfasst: „Das, was Leere ist, ist nicht anders als Form; das, was Form ist, ist nicht anders als Leere"), kann die befreiende Leere überall in der Welt der Form gefunden werden. Man muss sich nicht mehr in ein Kloster zurückziehen – weg von der Welt, weg von der Form, weg von Samsara – um Befreiung zu finden. Samsara und Nirvana wurden verbunden und vereinigt, wurden zusammengeführt zu einer einzigen oder nondualen Wirklichkeit.

Das Ziel ist nicht mehr der isolierte Heilige oder Arhat, sondern der sozial und ökologisch engagierte Bodhisattva – was wörtlich „Wesen mit erleuchtetem Geist" bedeutet –, dessen Gelübde nicht darin besteht, Samsara zu verlassen und sich in ein isoliertes Nirvana zurückzuziehen, sondern Samsara vollständig zu umarmen und das Gelübde abzulegen, so schnell wie möglich Erleuchtung zu erlangen, um allen empfindenden Wesen zu helfen, ihre eigene tiefste spirituelle Natur oder Buddhanatur zu erkennen und somit die Erleuchtung zu verwirklichen.

Mit einem Schlag wurden die beiden Hälften des Universums – Samsara und Nirvana – sozusagen zu einer einzigen, ganzen, nahtlosen (jedoch nicht eigenschaftslosen) Wirklichkeit zusammengefügt, und die buddhistischen Praktizierenden waren frei, den gesamten manifesten Bereich des Samsara zu umarmen, anstatt ihn zu meiden. Das Gelübde des Bodhisattva wurde paradox, indem es beide Gegensatzpaare widerspiegelt und nicht mehr nur die eine Hälfte – nicht mehr „Es gibt keine anderen zu retten", wie der Arhat singt, sondern „Es gibt keine anderen zu retten, deshalb gelobe ich, sie alle zu retten" –, was die Wahrheit eines vereinten Samsara und Nirvana widerspiegelt, das nicht mehr in zwei Teile zerrissen ist.

---

1   Anm. d. Übers.: Englisch: knowledge.

Der Madhyamika-Begriff der Leerheit wurde zur Grundlage praktisch aller Mahayana- und Vajrayana-Schulen des Buddhismus und wurde – wie der Titel von T. R. V. Murtis Buch lautet – *The Central Philosophy of Buddhism* (obwohl „Philosophie" vielleicht nicht das beste Wort für ein System ist, dessen Ziel es ist, das Denken vollständig zu transzendieren).

Doch es fanden noch mehr Entwicklungen statt. Vor allem im 4. Jahrhundert n. Chr. wurde die Frage immer drängender: Wenn das Absolute nicht buchstäblich in dualistischen Begriffen und Konzepten kategorisiert werden kann, gibt es dann wirklich überhaupt nichts, was darüber gesagt werden könnte? Könnten nicht zumindest im Bereich der konventionellen Wahrheit mehr Systeme, Karten, Modelle und zumindest Metaphern über die Wirklichkeit und ihre Verwirklichung angeboten werden?

Schon in solch brillanten Abhandlungen wie dem *Lankavatara-Sutra* war die Antwort ein klares Ja. Das *Lankavatara-Sutra* war so wichtig, dass es von allen fünf ersten Chan- (oder Zen-) Begründern in China an ihre Nachfolger weitergegeben wurde, da es die Essenz der Lehren des Buddha enthält. In der Tat wurde die frühe Chan-Schule oft als Lankavatara-Schule bezeichnet. Eine Geschichte dieser frühen Periode trägt den Titel *Records of the Lankavatara Masters*. Beginnend mit dem sechsten Hauptgründer, Hui Neng, verdrängte das *Diamant-Sutra* – eine Abhandlung, die ausschließlich der reinen Leerheit gewidmet ist – das Lankavatara.

In vielerlei Hinsicht verlor Zen die philosophischen und psychologischen Feinheiten des Lankavatara-Systems und konzentrierte sich fast ausschließlich auf das nicht-begriffliche Gewahrsein. Zen-Meister wurden oft so dargestellt, dass sie Sutras zerrissen, was in Wirklichkeit auf eine Ablehnung der Zwei-Wahrheiten-Lehre hinauslief. Das war meiner Meinung nach bedauerlich, denn dadurch wurde Zen zu einem unvollständigem System und weigerte sich, konventionelle Karten und Modelle auszuarbeiten. Zen wurde schwach in Bezug auf relative Wahrheiten, obwohl es brillant darin war, die letztendliche Wahrheit herauszuarbeiten und zu praktizieren.

Die Yogachara-Schule kam im 4. Jahrhundert n. Chr. mit den Halbbrüdern Asanga und Vasubandhu zur Entfaltung. Asanga war eher ein kreativer und origineller Denker und Vasubandhu ein begabter Systematiker. Gemeinsam führten sie die meisten Lehren dessen ein, was als Yogachara (was so viel wie „Yoga-Praxis" bedeutet) oder Vijnaptimatra-Schule („nur Bewusstsein") des Buddhismus, der dritten großen Drehung des Dharma-Rades, bekannt wurde, oder arbeiteten sie aus.

Was alle Schulen des Yogachara gemeinsam haben, ist eine bestimmte Haltung gegenüber der Beziehung von Leere und Bewusstsein. In Anbetracht der Tatsache, dass Leerheit und Form nicht-zwei sind, steht die Leerheit selbst in Beziehung zu alltäglichen Aspekten der Form, denen sich der gewöhnliche Mensch bereits bewusst ist – in diesem Fall reines Bewusstsein oder unqualifizierbares alltägliches Gewahrsein. Alle Yogachara-Schulen setzen Leere und nicht-konstruiertes Bewusstsein entweder direkt und endgültig gleich oder betrachten es zumindest relativ als nützliche Orientierung und einen Leitfaden für Praktizierende. Zum Beispiel weist der Wikipedia-Artikel über Yogachara sowohl auf die ultimative als auch auf die relative Sicht der Verbindung zwischen Leerheit und Bewusstsein (oder „Mind" mit einem großen „M"[2]) hin.

Bei dieser Sichtweise ist die Madhyamika-Position letztlich wahr und gleichzeitig ist die Nur-GEIST-Sichtweise ein nützlicher Weg, um mit Konventionen umzugehen und die Schüler auf dem Weg zum Letztendlichen geschickter voranzubringen.

Was die Sichtweise einer letztendlichen Verbindung betrifft: Während das Madhyamaka die Behauptung der Existenz oder Nicht-existenz irgendeiner letztendlichen realen Sache für unangemessen hielt, behaupteten einige Vertreter des Yogachara, dass der GEIST (oder in den anspruchsvolleren Versionen die ursprüngliche Weisheit) und nur der GEIST letztlich real ist. Die Yogachara-Terminologie wird auch von der Nyingmapa-Schule des tibetischen Vajrayana-Buddhismus verwendet, wenn sie versucht, das nicht-nennbare letztendliche Phänomen zu beschreiben, das der beabsichtigte Endpunkt der Dzogchen-Praxis ist.

Der Punkt ist, dass die letztendliche Sichtweise in beiden Schulen dieselbe ist (Leerheit oder Sosein oder reines, nicht-qualifizierbares,

---

2   Anm. d. Übers.: Wird im Deutschen mit „GEIST" übersetzt

nonduales Leeres Gewahrsein), und jeder Pfad führt zum selben letztendlichen Zustand des Verweilens.

Eine meiner Lieblingszeilen aus dem tibetischen Buddhismus fasst dies alles wie folgt zusammen:

Alles ist GEIST.
Der GEIST ist leer.
Leere ist frei manifestierend.
Freies Manifestieren ist Selbstbefreiung.

Yogachara erweitert diesen Begriff des nicht-konstruierten grundlegenden Bewusstseins zu der Vorstellung von 8 (oder 9) Bewusstseinsebenen, die jeweils eine Transformation des grundlegenden Bewusstseins darstellen. Die erste Transformation lässt das Lagerhaus-Bewusstsein oder *Alaya* entstehen. Dieses enthält die Erfahrungen aller Menschen und die Samen für alle zukünftigen karmischen Reifungen.

Die zweite Transformation wird (im *Lankavatara*) als *Manas* bezeichnet, das die Selbstkontraktion und die Selbstsicht ist, die dann das Alaya betrachtet und es als dauerhaftes Selbst oder Seele fehlinterpretiert und bewirkt, dass das *Alaya-Vijnana* befleckt wird.

Die dritte Transformation erschafft das Konzept der Objekte – von denen es in der buddhistischen Standardpsychologie sechs gibt – die fünf Sinne, plus den Geist (der in der buddhistischen Psychologie als ein weiterer Sinn behandelt wird) und seine konzeptuellen Objekte (das *manovijnana*), was uns 8 Bewusstseinsebenen gibt (oder 9, wenn man das ursprüngliche, reine, nicht-konstruierte Bewusstsein als solches oder die ursprüngliche leere Weisheit mitzählt).

Es ist wichtig zu erkennen, dass es für Yogachara nicht die Phänomene (oder manifeste Ereignisse oder die Elemente von Samsara) sind, die Illusion und Leiden verursachen, sondern vielmehr die Betrachtung der Phänomene als *Objekte* in einer Subjekt-Objekt-Dualität. Anstatt Objekte als eins mit dem Betrachter zu sehen, werden sie als „da draußen" existierend betrachtet, getrennt, isoliert, dualistisch unabhängig, was die Ganzheit der Wirklichkeit in zwei Bereiche zerreißt – ein Subjekt gegenüber Objekten. Dies – als ein Produkt der dualistischen Selbstkontraktion des Manas und des befleckten Alaya-Vijnana – verwandelt die Wirklichkeit in ihrer Soheit oder reinen Istheit in eine illusorische, gebrochene, fragmentierte, dualistische Welt, und die Anhaftung daran verursacht Knechtschaft und Leiden.

Dieser selbst-illusorische Zustand der Gebundenheit kann – um den Gelehrten Sung-bae Park zu zitieren – durch „eine plötzliche Abkehr, Wendung oder Rückwendung des alaya-vijnana zurück in seinen ursprünglichen Zustand der Reinheit" als solcher erkannt werden. Der Geist kehrt zu seinem ursprünglichen Zustand der Nicht-Anhaftung, Nicht-Unterscheidung und Nicht-Dualität zurück (oder wird als solcher erkannt)" (*Buddhist Faith and Sudden Enlightenment*, Albany, NY: SUNY Press, 1983). Dies geschieht, mit anderen Worten, durch die Anerkennung des allgegenwärtigen Zustands der Leere. Obwohl die meisten Yogacharins darauf bestanden, dass der Endzustand der Leere im Madhyamika derselbe ist wie im Yogachara, gibt es im Yogachara einen unverkennbar positiveren Ton – vor allem im Konzept des Nur-GEISTES, aber auch in der Art und Weise, wie Nondualität aufgefasst wird.

Für Madhyamika ist Nondualität eine völlige Leere – zumindest für die Vorstellungen des Geistes, obwohl diese Leere bedeutet, die Wirklichkeit genau so zu sehen, wie sie ist, in ihrer Soheit oder Istheit, ohne Namen, Konzepte, Kategorien oder Vorurteile. Während Yogachara dem nicht ausdrücklich widerspricht, definiert es Leerheit und Nondualität positiver als „die Abwesenheit von Dualität zwischen dem wahrnehmenden Subjekt und dem wahrgenommenen Objekt". Nochmals, es sind nicht die Phänomene, die illusorisch oder leidverursachend sind, sondern die Betrachtung der Phänomene als *Objekte*, als Gegenstände, die vom Bewusstsein oder dem Subjekt getrennt sind und als unabhängige Entitäten da draußen existieren. Sobald sie von uns getrennt sind, können wir sie entweder begehren oder fürchten, und beides verursacht schließlich Leiden, Entfremdung und Knechtschaft.

Diese etwas positivere Sicht der Leere, ganz zu schweigen von ihrer Verbindung zum Bewusstsein – wie Zen es in Anlehnung an das *Lankavatara-Sutra* ausdrücken würde: „Der gewöhnliche Geist, genau das ist der Weg" –, vereinigte Leere und Form auf eine noch stärkere Weise als die revolutionäre Nondualität des Madhyamika.

Das hatte einen direkten Einfluss auf die Entstehung des Tantra (und seines nahen Verwandten, des Vajrayana-Buddhismus), der wahren Blüte der Dritten Großen Wende.

Tantra wurde vor allem an der großen Nalanda-Universität in Indien vom 8. bis zum 11. Jahrhundert n. Chr. entwickelt. Für das Tantra waren das, was der frühe Buddhismus (und die meisten anderen Religionen) als Sünden, Gifte oder Verunreinigungen ansahen, in Wirklichkeit, gerade wegen der Vereinigung von Leere und Form, die Samen großer transzendentaler Weisheit. Das Gift des Zorns zum Beispiel wurde nicht wie in so vielen anderen Ansätzen verleugnet, entwurzelt oder verdrängt, sondern direkt mit nondualem Gewahrsein angegangen, woraufhin es seine Kernweisheit, die reine Klarheit, offenbart. Leidenschaft, wenn ihr mit nondualem Gewahrsein begegnet und sie dabei umarmt wird, verwandelt sich in universelles Mitgefühl. Und so weiter.

Während die Erste Wende der Weg der Entsagung war – das Verleugnen negativer Zustände als Teil des verachteten Samsara – und die Zweite Wende der Weg der Transformation – das Bearbeiten eines negativen Zustands mit Weisheit, bis er sich in einen positiven Zustand verwandelt –, war die Dritte Wende und ihr tantrisches Korrelat nicht der Weg der Entsagung oder Transformation, sondern der Weg der Transmutation – das direkte Hineinschauen in einen negativen Zustand der Form, um seinen bereits vorhandenen Zustand der Leere oder der ursprünglichen Weisheit direkt zu erkennen. Das Motto hier lautet: „Bringt alles mit auf den Pfad". Nichts – absolut nichts – ist tabu – Essen, Alkohol, Sex, Geld – alle müssen (natürlich innerhalb vernünftiger Grenzen) zutiefst befreundet und liebevoll umarmt werden, da sie Ornamente des GEISTES selbst sind, direkte Manifestationen des ultimativen Göttlichen oder Dharmakaya.

Und das alles geschieht, weil das Heilige und das Profane, das Unendliche und das Endliche, Nirvana und Samsara, Leere und Form nicht zwei verschiedene, getrennte und fragmentierte Bereiche, sondern sich gemeinsam entwickelnde, gegenseitig existierende, komplementäre Aspekte der einen ganzen Wirklichkeit sind, die gleichermaßen umarmt und geschätzt werden müssen.

24

Es war diese Sichtweise, die eine Grundlage des Tantra und des Vajrayana bildet – die in Tibet (und auch in der tibetischen Gemeinschaft außerhalb, da Tibet brutal von den Chinesen überrannt wurde) immer noch vorherrschend ist und in ihrer Natur wirklich radikal ist –, die viele als eine echte „Vierte Wende" betrachteten. Es war, als ob die Geheimnisse der Welt der Formen – zu lange verleugnet, unterdrückt, negativ beurteilt, für alle Sünden und Illusionen verantwortlich gemacht und schließlich abgelehnt – tatsächlich begannen, ihre göttlichen Geheimnisse preiszugeben, indem sie als eine Manifestation oder ein Ornament des GEISTES selbst betrachtet wurden.

Die letztlich wild-freie Natur der Leere wurde mit der radikal leuchtenden Fülle der Formen verbunden (wobei die Leere nicht etwas anderes als die Form ist, sondern die tatsächliche Leere jeglicher Form), um eine unendliche Ganzheit selbst-existierender, selbst-bewusster und selbst-befreiter strahlender Wirklichkeit von allem was ist zu enthüllen. Die Geheimnisse der Formen auf der einen Seite bieten endlose neue Arten von geeigneten Mitteln (oder *upaya*), wenn sie unmittelbar als selbstbefreiender Geist (Svabhavikakaya oder integrierter Wahrheitskörper und Vajrakaya oder ultimative selbstbefreiende diamantene Wahrheit) erkannt werden (*yeshe, rigpa*). Jedes einzelne Phänomen war, wenn es abseits des Geistes betrachtet und erfahren wurde, eine Quelle von Schmerz und Leiden (*dukkha*), während dasselbe Phänomen, wenn es als Ornament des Geistes betrachtet wurde, eine Quelle potenzieller Weisheit, des Mitgefühls, geeigneter Mittel und spielerischer Leuchtkraft war, die alle als Texturen des Urbuddhas entstanden – um eine schmerzhaft verkürzte Zusammenfassung eines außerordentlich inhaltsreichen Themas zu geben.

Wie sieht es also mit einer möglichen neuen Umdrehung des Rades aus? Nach Vajrayana und Tantra, wo wir *alles* auf den Pfad bringen, was bleibt dann noch übrig, um dem Buddhismus etwas zu bringen, was er nicht schon hat? Ist das wirklich möglich, oder handelt es sich nur um einen aufgeblasenen, arroganten Unsinn?

Nun, wir werden sehen.

2. Etwas radikal Neues in der Evolution

Was den aufgeblasenen und arroganten Unsinn betrifft, wollen wir uns dieser Möglichkeit und Gefahr natürlich bewusst bleiben und die egoistischen Tendenzen der Menschheit (meine und deine Wenigkeit eingeschlossen) niemals unterschätzen. Doch wir haben gesehen, dass zahlreiche Studien zeigen, dass ein kleiner, aber signifikanter Prozentsatz der menschlichen Bevölkerung eine tiefgreifende Transformation durchläuft. In vielerlei Hinsicht handelt es sich um eine globale Transformation – „global" nicht nur, weil sie Menschen auf der ganzen Welt betrifft, sondern weil sich das individuelle Bewusstsein selbst zu globalen Dimensionen entwickelt – nicht egozentrisch, nicht ethnozentrisch, sondern weltzentrisch und sogar kosmozentrisch in seiner Identität, seinen Motivationen, seinen Wünschen, seinen Sichtweisen, Perspektiven und Fähigkeiten.

Ein solches Bewusstsein hat es in der Geschichte der Menschheit tatsächlich noch nie gegeben. Seine Auswirkungen können gar nicht hoch genug eingeschätzt werden. Um ein kurzes Beispiel dafür zu geben: Einer der bahnbrechenden Forscher dieser Entwicklung und der Evolution des Bewusstseins war Clare Graves. Graves[3] fand heraus, dass sich das menschliche Bewusstsein durch etwa 8 Hauptstufen oder Ebenen bewegt und entwickelt. Die ersten 6 Stufen werden als 1. Rang bezeichnet, oder als das, was Maslow „Defizitbedürfnisse" nannte – eine Motivation, die auf Mangel und Knappheit beruht. Diese Stufen sind alle Variationen dessen, was der Entwicklungsforscher Jean Gebser archaisch (oder instinktiv), magisch (oder egozentrisch), mythisch (oder traditionell), rational (oder modern) und pluralistisch (oder postmodern) nannte.

Was Graves über diese Ebenen des 1. Rangs herausgefunden hat, ist, dass jede Ebene ihre Werte und Wahrheiten für die einzig wahren Werte und Wahrheiten in der Welt hält – alle anderen sind infantil, verrückt, verwirrt oder schlichtweg falsch. Wenn eine dieser Ebenen des 1. Rangs sich zeigt – und das betrifft zu diesem Zeitpunkt der Geschichte oder der Evolution 95 % der Weltbevölkerung – ist die

---

3 Anm. d. Übers.: Clare Graves, 1914-1986, amerikanischer Professort für Psychologie, entwickelte eine Theorie der Persönlichkeitsentwicklung. Chris Cowan und Don Beck entwickelten daraus die Theorie der „Spiral Dynamics".

Menschheit zu Meinungskämpfen, Konflikten, Terrorismus und Kriegen verurteilt.

Doch dann stellte Graves eine erstaunliche Tatsache fest – und zwar bei den darauf folgenden Hauptentwicklungsebenen, die er als systemisch bezeichnete und die andere als ganzheitlich oder integral bezeichnet haben. Hier findet etwas statt, was Graves als einen „wesentlichen Bedeutungssprung" bezeichnete. Die integrale Ebene – oder der 2. Rang – findet einen Wert und Teilwahrheiten in allen vorangegangenen Ebenen, und sie freundet sich mit ihnen allen an.

Hier ist das Bewusstsein in der Tat in seinen Dimensionen global geworden. Es umfasst Einsichten und Wahrheiten aus allen Kulturen, allen Religionen und allen Wissenschaften und erkennt eine tiefe Bedeutung und einen Wert in allen früheren Ebenen – archaisch, magisch, mythisch, rational und pluralistisch.

Diese integrale(n) Ebene(n) (einige Forscher haben hier zwei oder drei Unterebenen gefunden) ist in der Tat etwas radikal Neues in der menschlichen Evolution (sie ist erst ein paar Jahrzehnte alt). Zwar haben einige brillante Pioniergenies integrales Denken gezeigt – Plotin, Shankara, einige Yogachara-Denker –, aber während des größten Teils der Menschheitsgeschichte hat nicht mehr als ein Zehntel von 1 % der Bevölkerung diese Ebenen erreicht. Doch in den zurückliegenden Jahrzehnten haben Vordenker in praktisch jedem Bereich menschlichen Strebens diese integralen Werte des 2. Rangs entwickelt, oder das, was Maslow „Seins-Werte" nannte, Werte die auf Fülle, Integration und Einbeziehung basieren. Bis zu 5 % der Weltbevölkerung haben inzwischen diese integralen Werte erreicht, und einige Entwicklungsforscher gehen davon aus, dass dieser Anteil innerhalb des nächsten Jahrzehnts auf 10 % ansteigen wird. Dies würde zweifellos alles verändern.

Als universelle Wachstumsebene ist es eine Stufe, zu der und durch die jeder Mensch auf der Welt bestimmt ist, zu wachsen, wenn er sich entwickelt. Es handelt sich dabei nicht nur um eine bloße Theorie, die man lernen oder nicht lernen, annehmen oder ablehnen kann, sondern um eine inhärente, universell vorhandene Stufe menschlicher Entwicklung, so wie Sicherheitsstreben, Zugehörigkeit und Selbstwertgefühl.

Mit anderen Worten: Die Menschheit bewegt sich auf eine Welt zu, in der es keine großen und tiefreichenden Konflikte mehr gibt, sondern die immer häufiger von gegenseitiger Toleranz, Umarmung, Frieden, Integration und Mitgefühl geprägt ist. So wie eine Eichel auf ihrem Weg zur Eiche und ein Ei auf seinem Weg zum Huhn mehrere universelle Stadien durchläuft, so durchläuft auch der Mensch auf seinem Weg zur Reife mehrere universelle Stadien, eine Reife, die nicht von tiefsitzenden Konflikten und Aggression geprägt ist, sondern die jetzt im Begriff ist, sich durch umfassende Fürsorge und liebevolle Güte auszuzeichnen.

Alle Religionen werden, wie alle anderen Disziplinen auch, von diesem tiefgreifenden Wandel betroffen sein. Und wie G. K. Chesterton einmal witzelte: „Alle Religionen sind gleich, besonders der Buddhismus". Der Buddhismus war, wie wir gesehen haben, eine der wenigen Religionen, die von Anfang an durch evolutionäres und integrales Denken geprägt war, bis hin zum synthetisierenden Yogachara und Tantra. Yogachara integriert alle Drei Großen Wenden. Der Buddhismus ist in einzigartiger Weise bereit, den nächsten großen Schritt zu tun, durchdrungen von der kommenden globalen integralen Transformation, um seinen eigenen nächsten evolutionären Sprung mit einer Vierten Großen Drehung des Rades von Dharma und Wahrheit zu machen.

Welche Art von Wahrheiten würde dies beinhalten? Diese Frage werden wir in den nächsten Kapiteln erörtern. Aber zur Einführung sei daran erinnert, dass für den Buddhismus die Wirklichkeit nondual ist: eine Nicht-Zweiheit von Samsara und Nirvana, endlich und unendlich, Subjekt und Objekt, Form und Leere. Nun hat sich die Leere, die keine Charakterisierung (einschließlich dieser) zulässt, seit der Zeit des Buddha nicht verändert (tatsächlich seit dem Urknall und davor). Die Erfahrung oder das Erkennen der Leere ist, metaphorisch gesprochen, eine gleichzeitige Verwirklichung von unendlicher Freiheit und Befreiung – Befreiung von dem hartnäckigen Konflikt zwischen Subjekt und Objekt und all den Qualen und Folterungen, die sie sich gegenseitig zufügen.

Wenn die Erfahrung der Leere eine Erfahrung der Freiheit ist, ist die Erfahrung der Form eine Erfahrung der Fülle. Und während sich die Leere seit Anbeginn der Zeit nicht verändert hat, hat sich die Form verändert. Die Form hat in der Tat einen unaufhörlichen Evolutionsprozess durchlaufen, wobei jede Evolutionsstufe dem Universum eine immer komplexere Form hinzufügte, von einfachen Strings über Quarks, Atome, Moleküle, Zellen bis hin zu vielzelligen Organismen, wobei sich die Organismen selbst zu immer komplexeren Formen entwickelten, von Einzellern über photosynthetische Pflanzen bis hin zu Tieren mit neuronalen Netzen, dann reptilienartigen Hirnstämmen, dann limbischen Systemen, dann dreigliedrigen Gehirnen, deren synaptische Verbindungen zahlreicher sind als die Anzahl der Sterne im gesamten Universum.

Die gleiche Steigerung von Komplexität fand im Inneren statt. Der Mensch zum Beispiel (um auf Gebsers einfache Terminologie zurückzukommen) hat sich vom einfachen Archaischen zum Magischen (1. Person-Perspektive), zum Mythischen (2. Person-Perspektive), zum Rationalen (3. Person-Perspektive), zum Pluralistischen (4. Person-Perspektive), zum Integralen (5. Person-Perspektive) und dem höheren Integralen entwickelt (die 1., 2., 3., 4. und 5. Person bezieht sich auf die Anzahl der Perspektiven, die ein Individuum im Bewusstsein halten kann, wobei das Bewusstsein umso weiter und tiefer ist, je größer die Anzahl ist).

Mit anderen Worten, das Universum der Form wird immer vollständiger. Erleuchtung – die Einheit von Leere und Form – in der heutigen Welt zu erfahren, bedeutet nicht, freier zu sein als die großen frühen Weisen (in Ost und West) – da die Leere dieselbe ist –, sondern vollständiger zu sein, da das Universum der Form weiter gewachsen ist und sich entwickelt hat, indem es an jedem Punkt mehr und mehr Komplexität hinzufügt und somit vollständiger und vollständiger wird.

Diese größere Komplexität bedeutet, dass mehr und mehr Wahrheiten entdeckt worden sind, und diese müssen bei jeder Art einer Vierten Wende berücksichtigt werden. Zu Buddhas Zeiten glaubten die Menschen – Buddha eingeschlossen – zum Beispiel wirklich, die Erde sei flach. Und wie hätten diese frühen Weisen etwas über Neurochemie, über Dopamin, Serotonin und Acetylcholin wissen können? Oder über das limbische System und seine Rolle bei den Emotionen oder den reptilienartigen Hirnstamm und seine instinktiven Triebe? Auch die konkreten inneren Entwicklungsstadien – wie die von Clare Graves, Jean Gebser oder Abraham Maslow (die wir als archaisch, magisch, mythisch, rational, pluralistisch, integral und super-integral zusammengefasst haben; und wir können von denselben Stadien mit anderen Begriffen sprechen, z. B. Maslows Bedürfnisse: physiologische Bedürfnisse, Sicherheitsbedürfnisse, Zugehörigkeitsbedürfnisse, Selbstwertgefühl, Selbstverwirklichung und Selbsttranszendenz) – diese besonderen Arten von Stufen sind fast ausschließlich eine moderne Entdeckung, ein Teil der neuen Komplexität, die die Evolution mit dem modernen Zeitalter mit sich brachte.

Wir finden Stufen in der Meditation, Stufen einer ersten Person[4], die direkte Erfahrungen sind und von den großen kontemplativen Traditionen in Ost und West klar dargestellt wurden (wie die sieben Wohnungen der heiligen Teresa, die Zehn Ochsenbilder des Zen, die Stadien des frühen Buddhismus, die von Buddhaghosa so klar systematisiert wurden, Nyingmapas Neun Yanas und so weiter). Doch diese anderen Arten von Entwicklungsstadien – die von Persönlichkeiten der Moderne wie Piaget, Baldwin, Graves, Gebser, Maslow usw. entdeckt wurden – können nicht durch Introspektion erkannt werden, wie es bei den meditativen Stadien einer ersten Person möglich ist – weil es sich um *Strukturen* der dritten Person handelt, die durch die Untersuchung großer Gruppen von Menschen über lange Zeiträume hinweg entdeckt wurden, um dann Schlussfolgerungen über die damit verbundenen mentalen Muster zu ziehen.

Ein berühmtes Beispiel ist die Arbeit von Lawrence Kohlberg über das Wachstum und die Entwicklung der Moral. Er fand sechs Stufen, die in drei Hauptgruppen unterteilt sind: präkonventionell (oder egozentrisch), konventionell/konformistisch (oder ethnozentrisch) und postkonventionell (oder weltzentrisch). Eine typische Forschungsfrage, die dieser Entdeckung zugrunde lag, lautete

---

4   Anm. d. Übers.: Diese (hier ausgeschriebene) „erste Person" ist nicht zu verwechseln mit den weiter oben aufgeführten 1., 2., 3. usw. Person-Perspektiven, die sich entwicklungsorientiert darauf beziehen, ob eine Person nur sich selbst (1. Person-Perspektive), zusätzlich die Perspektive einer anderen Person (2. Person-Perspektive), zusätzlich eine objektiv-wissenschaftliche Perspektive (3. Person-Perspektive), zusätzlich eine pluralistische Sichtweise (4. Person-Perspektive) usw. einnehmen kann.
Die hier erwähnten Perspektiven „erste Person" und „dritte Person" bezeichnen eine unmittelbare Erfahrung (wie eine mystische Erfahrung oder auch ein Gefühl = erste Person subjektiv), bzw. eine abstandnehmende beschreibende Sichtweise, wie die Beschreibung einer Entwicklungsstufe (= dritte Person objektiv).

wie folgt: „Die Frau eines Mannes hat eine unheilbare Krankheit; die örtliche Apotheke hat ein Medikament, das sie heilen kann; der Mann kann es sich nicht leisten; hat er das Recht, es zu stehlen?" Kohlberg fand 3 Hauptantworten auf diese Frage: Ja, Nein und Ja. Als er eine Person, die das erste „Ja" gab, fragte: „Warum?", antwortete die Person: „Weil das, was richtig ist, das ist, was ich sage, dass es richtig ist; wenn ich es stehlen will, dann stehle ich es – basta."

Das ist, mit anderen Worten, sehr egozentrisch und ich-bezogen. Fragt er eine Person, die mit „Nein" antwortet: „Warum?", antwortet die Person in der Regel: „Nun, das wäre gegen das Gesetz. Die Gesellschaft sagt mir, dass ich nicht stehlen darf, also würde ich so etwas nie tun, das wäre falsch". Dies ist sehr gruppenzentriert, wobei „meine Gruppe, mein Stamm, mein Land" der vorherrschende Modus ist. Es ist, mit anderen Worten, sehr ethnozentrisch, und sehr gruppenorientiert.

Wenn er schließlich die Person, die das zweite „Ja" gab, fragte: „Warum?", erhielt er in der Regel Aussagen wie: „Nun, ein Leben ist mehr wert als 27 Dollar, also würde ich es in diesem Fall natürlich stehlen, um ein Leben zu retten."

Dies ist sehr universell orientiert, sehr prinzipienfest, sehr weltoffen. Und weiter – und das ist es, was diese Stufen zu einer Entwicklungssequenz macht – wenn eine Person jemals die Stufe wechselte, dann immer in eine höhere Richtung, entweder vom ersten egozentrischen „Ja" zum ethnozentrischen „Nein" oder vom ethnozentrischen „Nein" zum zweiten, weltzentrischen „Ja".

Mit anderen Worten, es gibt hier eine Richtungsabhängigkeit, und zwar immer von egozentrisch zu ethnozentrisch zu weltzentrisch, und diese Stufen können weder übersprungen noch umgekehrt werden.

Hunderte von Forschungsprojekten haben diese Arten von Entwicklungsstufen untersucht. Wir wissen heute, dass es mehrere Intelligenzen gibt – nicht nur die kognitive Intelligenz, sondern auch die emotionale Intelligenz, die moralische Intelligenz, die intrapersonale Intelligenz, die ästhetische Intelligenz, die zwischenmenschliche Intelligenz, die mathematisch-logische Intelligenz und so weiter. Und so unterschiedlich diese Intelligenzen auch sind – man nennt sie auch *Entwicklungslinien*[5] –, die Forschung zeigt, dass sie sich alle über die gleichen grundlegenden *Entwicklungsstufen* entwickeln (die wir als archaisch, magisch, mythisch, rational, pluralistisch, integral und super-integral bezeichnet haben). In dem Buch *Integrale Psychologie* führe ich Diagramme auf mit über 100 verschiedenen Entwicklungsmodellen – jedes beschäftigt sich mit einer bestimmten multiplen Intelligenz oder Entwicklungslinie – und was wiederum so bemerkenswert ist, ist die erstaunliche Ähnlichkeit der *Entwicklungsstufen,* die sie alle durchlaufen.

Unabhängig von der Intelligenz oder der Entwicklungsrichtung befindet sich ein Säugling zu Beginn im Allgemeinen in einem Zustand der Verschmelzung oder Indifferenz mit der ihn umgebenden Welt – er kann nicht sagen, wo sein Selbst aufhört und die Umwelt beginnt. (Dies ist die archaische Sichtweise.) Im Alter von etwa 18 Monaten – was auch als „psychische Geburt des Säuglings" bezeichnet wird – geschieht genau das: Der Säugling entwickelt ein eigenes emotionales Selbst, das er von seiner Umgebung unterscheiden kann. Der Denkprozess ist hier noch oft mit der Umwelt verschmolzen, was Freud als primäres Prozessdenken bezeichnete, und es ist daher sehr phantasiedominiert und abergläubisch: Wenn ich meinem Vater den Tod wünsche und er stirbt, war es mein Denken, das seinen Tod tatsächlich verursacht hat. (Dies ist die magische Sichtweise.)

Wenn sich Konzepte herausbilden, beginnt der Verstand, sich vom Körper zu unterscheiden – wenn dies zu weit in Richtung Dissoziation geht, haben wir die übliche Unterdrückung verschiedener körperlicher Impulse und Gefühle (Sex, Aggression, Macht usw.). Das Denken ist impulsiv, „wenn ich etwas sehe, das ich will, nehme ich es mir", und es wird von Individuen beherrscht, die mythisch überhöhte Wesen sind, „wenn ich nicht mehr zaubern kann, können sie es." Wenn Mutti wollte, könnte sie diesen ekligen Spinat in Süßigkeiten verwandeln. Und Gott oder die Göttin oder irgendein anderes übernatürliches himmlisches Wesen weiß alles, was ich denke, und wird mich für schlechte Gedanken bestrafen.

---

5   Anm. d. Übers.: Die grafische Darstellung der unterschiedlichen Entwicklunglinien eines Menschen in ihrer jeweiligen Entwicklungshöhe bezeichnet Wilber als „Psychogramm".

(Dies ist die Entstehung der mythischen Sichtweise.) Da dies der Beginn der Entstehung der Fähigkeit zum Gruppendenken und zur Identifizierung mit Gruppen ist – meine Familie, mein Clan, mein Stamm, meine Religion, meine Nation –, neigt es dazu, sehr konventionell und konformistisch zu sein, wie bei der „Nein"-Antwort im Kohlberg-Beispiel.

In der Adoleszenz beginnt das Denken auf das Denken einzuwirken, und es entsteht das rationale Entwicklungsstadium – in der Kognition, in der Moral, in der zwischenmenschlichen Intelligenz und in jeder anderen multiplen Intelligenz, in der die Vernunft zum Vorschein kommt. Das Selbstwertgefühl beginnt, Zugehörigkeit und Gruppenzwang als grundlegende Motivation zu ersetzen, und wissenschaftliches Denken wird möglich und üblich. (Dies ist die rationale Sichtweise.) Sie markiert in der Regel den Übergang von sehr konformistischem Denken zu sehr reflektierendem und kritischem Denken – das Kritisieren und Beurteilen meiner Kultur, meiner Gedanken, meiner Ideen, meiner Werte. Wenn die Entwicklung weitergeht, beginnt das Denken im frühen Erwachsenenalter selbst mit diesem rationalen Denken zu arbeiten und fängt an, andere Gesichtspunkte als den rein rationalen oder wissenschaftlichen zu sehen. Die Bedeutung der Kultur bei der Schaffung von einer Interpretationen der Realität wird deutlich wahrgenommen und hervorgehoben, und es entsteht ein multikulturelles, vielschichtiges Stadium, das allgemein als pluralistische (oder postmoderne) Sichtweise bekannt ist.

Diese Sichtweise erkennt getrennte, isolierte, diskontinuierliche Kulturen, Ideen und Individuen, und findet nur sehr wenige gemeinsame oder universelle Merkmale oder Phänomene – und dies so sehr, dass die Welt zu einer fragmentierten, unzusammenhängenden, partiellen und zerbrochenen Angelegenheit wird, und erst mit dem Aufkommen einer höheren, breiteren, umfassenderen Art der Erkenntnis (2. Rang oder integral) kann das Bewusstsein all die zerbrochenen Fragmente betrachten und beginnen, universelle, vereinigende, gemeinsame Muster zu finden, die verschiedene Kulturen, Individuen und Phänomene im Allgemeinen verbinden.

Dies ist die integrale Sichtweise, in welcher Intelligenz oder Entwicklungslinie sie auch immer auftaucht, und es markiert die

Entwicklung, die Clare Graves als den „monumentalen Bedeutungssprung" bezeichnete – vom Zerbrochenen und Fragmentierten zum Vereinten und Synthetisierenden. Und wenn die Entwicklung weitergeht (bis hin zu superintegralen Stufen), beginnt das Bewusstsein selbst transpersonal, spirituell, universell und kosmozentrisch zu werden, verbunden mit verschiedenen Arten direkter spiritueller Erfahrung (auf die wir später noch näher eingehen werden).

Der Punkt bei dieser Entwicklungssequenz, die aus verschiedenen Bewusstseins*strukturen* besteht, ist nun, dass es sich im Allgemeinen nicht um Dinge handelt, die man durch einfache Introspektion sehen kann. Daher findet man diese Art von Stufen nur selten in den Beschreibungen von Meditation, die sich stattdessen mit verschiedenen Bewusstseins*zuständen* befassen, die durch Introspektion unmittelbar gesehen und gefühlt werden können. Wenn du auf einer Meditationsmatte sitzt, wirst du nie eine Erfahrung machen, die zum Beispiel besagt: „Dies ist ein Gedanke der moralischen Stufe 3." Du kannst jedoch z. B. die zweite Hauptstufe der Mahamudra-Meditation als eine direkte, unmittelbare Erfahrung eines Leuchtens und andere Lichtphänomene unmittelbar erleben. Diese sind klar und direkt ersichtlich und unmittelbar erfahrbar, während die Strukturstufen der verschiedenen multiplen Intelligenzen aus der Erfahrung abgeleitet werden, indem man große Gruppen von Menschen über lange Zeiträume hinweg studiert.

Das ist der Grund, warum keine der typischen Entwicklungsstufen, die von der modernen Entwicklungspsychologie gefunden wurden, in irgendeiner der Landkarten der Meditation zu finden sind, die uns von den großen Weisheitstraditionen der ganzen Welt hinterlassen wurden – und daher sollten diese Bewusstseins*strukturen* in die Landkarten der meditativen Bewusstseins*zustände* der kontemplativen Traditionen aufgenommen werden.

Und es gibt noch einen weiteren wichtigen Grund, warum sowohl Zustände als auch Strukturen des Bewusstseins einbezogen werden müssen. Entwicklungsforscher haben herausgefunden, dass Dinge wie meditative *Zustände* der ersten Person (oder Zustandsstufen) entsprechend der Strukturstufe der dritten

Person, auf der man sich befindet, interpretiert werden[6]. Zum Beispiel kann der Buddhismus auf magischen Ebenen, mythischen Ebenen, rationalen Ebenen, pluralistischen Entwicklungsbenen und integralen Ebenen interpretiert werden – und wird es auch. In Teil 2 werde ich konkrete Beispiele für buddhistische Denker und ganze Schulen anführen, die von magischen, mythischen, rationalen, pluralistischen und integralen Ebenen ausgehen.

Das bedeutet – und das wäre Teil des Verständnisses einer neuen und integralen Vierten Wende – dass wir tatsächlich zwei Hauptachsen einer spirituellen Entwicklung haben. Zusätzlich zu den meditativen Bewusstseins*zuständen* – die mit grobstofflich-egozentrischen Gedanken beginnen, sich durch subtile Erleuchtung und Einsicht bewegen und in einer nondualen Großen Vollkommenheit gipfeln – haben wir das Wachstum von Bewusstseins*strukturen* (wie z. B. von magisch zu mythisch zu rational zu pluralistisch zu integral), und ein Mensch wird die Erfahrung eines meditativen Zustands größtenteils entsprechend der Struktur der Hauptentwicklungsstufe interpretieren, auf der er oder sie sich befindet.

Strukturen sind, wie wir gesehen haben, auch für die Muster unserer wichtigsten multiplen Intelligenzen verantwortlich (kognitive Intelligenz, emotionale Intelligenz, moralische Intelligenz, ästhetische Intelligenz und so weiter, die alle nicht aus Zuständen, sondern aus Strukturen bestehen). Strukturen beschreiben unser **Aufwachsen**; während wir durch die Zustände hindurch **Aufwachen**. Jede Vierte Wende würde beide Formen des Wachstums zu berücksichtigen haben (wohingegen es zum jetzigen Zeitpunkt keine Methodiken von Wachstum gibt, weder im Osten noch im Westen, die sowohl Strukturen als auch Zustände in das Gesamtwachstum und die Entwicklung einbeziehen, ob spirituell oder nicht).

Was die Bewusstseinsstrukturen und ihre Entwicklungsstufen betrifft, so ist die Beweislage überwältigend. Wie bereits erwähnt, gibt es in meinem Buch *Integrale Psychologie* Darstellungen, die über 100 verschiedene Systeme von Entwicklungsstudien zeigen, und

---

6   Anm. d. Übers.: Siehe hierzu auch die Fußnote 4. „Erste Person" und „Dritte Person" bezieht sich wieder auf den Unterschied zwischen einer unmittelbaren subjektiven Erfahrung und einer abstandnehmenden Beschreibung. Die „Strukturstufen" jedoch können magisch (1. Person-Perspektive), mythisch (2. Person-Perspektive), rational (3. Person-Perspektive) usw. sein.

das Bemerkenswerte daran ist, dass praktisch alle von ihnen eine ähnliche allgemeine Übereinstimmung hinsichtlich der wichtigsten Strukturstadien aufweisen, die ein Mensch durchläuft (und die ich oben gerade zusammengefasst habe).

Dies ist eine wenig bekannte, aber tiefgreifende Entdeckung, die enorme Auswirkungen darauf hat, wie wir den Menschen, seine Sicht der Welt und seine Fähigkeiten zu Wachstum und Entwicklung betrachten. Wenn man bedenkt, dass Strukturen die geistigen Werkzeuge sind, mit denen wir die Welt sehen und interpretieren, einschließlich verschiedener Zustandserfahrungen, wie z. B. aus der Meditation, wird ihre Bedeutung für jedes spirituelle System ganz offensichtlich. (Mehr dazu, wenn wir Strukturen ausführlicher besprechen.)

Auch die Entdeckungen über die persönlichen verdrängten Schattenelemente im Menschen sind weitgehend eine moderne Entdeckung. Meditation kann die Barriere der Verdrängung lockern und den Zugang zu den Schattenseiten erleichtern, doch das ist nicht immer gut und macht sie in manchen Fällen sogar noch schlimmer. Die meisten Meditationen zum Beispiel helfen uns, uns von Körper und Geist, von persönlichen Gedanken, Gefühlen und Emotionen zu lösen oder zu distanzieren. Ein Großteil der Psychopathologie rührt jedoch von einer verfrühten oder übertriebenen Loslösung, Dissoziation oder Verleugnung bestimmter Gedanken oder Gefühle her.

Wut zum Beispiel kann dissoziiert werden und führt häufig zu Gefühlen von Traurigkeit oder Depression. Wenn ich mich in der Meditation nicht mit dem identifiziere, was auch immer auftaucht, werde ich diese Wut nur noch weiter verleugnen und meine Depression verschlimmern. Der einzige Rat, den der Meditationslehrer mir dann gibt, ist: „Intensiviere deine Bemühungen!", was die Sache nur noch schlimmer macht.

Leider ist es in vielen Religionen immer noch so, dass man, wenn man einen emotionalen Konflikt oder ein Schattenproblem hat, einfach denkt, man praktiziere die Religion nicht intensiv genug. Entweder man übt nicht genug Vipassana oder man glaubt nicht inbrünstig genug an Jesus oder man hat nicht die richtige Beziehung zur Thora gefunden und so weiter.

Der Einbezug einiger einfacher und allgemein anerkannter psychotherapeutischer Techniken in die Meditationspraxis kann nicht nur helfen, mit den Schattenelementen umzugehen, sondern kann auch die Meditation selbst klarer, effizienter und effektiver machen. Daher wären einige einfache Methoden zum Umgang mit dem Schatten eine willkommene Ergänzung zu jeder Vierten Wende.

Im nächsten Abschnitt werden wir diese „3 S"[7] – Bewusstseinsstrukturen, Bewusstseinszustände und Schattenelemente – erörtern und darlegen, inwiefern ihre Einbeziehung ein nützlicher Bestandteil jeder Vierten Wende oder integralen Spiritualität wäre.

---

7   Anm. d. Übers.: „structures", „states" und „shadow".

Zweiter Teil
Die Gegenwart

1. Bewusstseinszustände und Entwicklungsstufen

Wir haben über die drei großen Drehungen des Rades des Dharma gesprochen. Als sich diese drei Entfaltungen ereigneten, gab es ein zunehmendes Bedürfnis, sie alle zu integrieren oder zu synthetisieren. Der Buddhismus hatte schon immer eine starke Tendenz zur Synthese. Heute gibt es eine wachsende Zahl von buddhistischen Lehrern und Schülern, die der Meinung sind, dass genügend neue Wahrheiten aufgetaucht sind, die in den Buddhismus integriert werden müssen, so dass wir an der Schwelle zu einer weiteren Entfaltung stehen, einer Vierten Großen Drehung des Rades. Es folgen einige Gedanken zu einigen der wichtigsten Punkte, die in dieser neuen Synthese enthalten sein sollten, und das werden wir auch im dritten Teil fortsetzen.

Bewusstseins*zustände* sind der Menschheit schon seit Tausenden von Jahren allgemein bekannt. Als direkte, unmittelbare Erfahrungen der ersten Person sind sie offen für Introspektion, Meditation, Visionssuche und andere direkte Erfahrungsweisen. Bewusstseins- und Entwicklungs*strukturen* hingegen sind die impliziten Muster der dritten Person, durch die der Geist die Welt, einschließlich ihrer Zustände, betrachtet und interpretiert.

Multiple Intelligenzen bestehen beispielsweise aus mentalen Strukturen. Erfahrungen, einschließlich religiöser Erfahrungen, alltäglicher Gefühle und meditativer Zustände, bestehen aus Zuständen. Und wie gesagt, da Bewusstseinszustände direkte, unmittelbare Erfahrungen einer ersten Person sind, werden sie seit Jahrtausenden verstanden oder sind zumindest bekannt, während Strukturen als implizite, eingebettete Muster einer dritten Person, die normalerweise nicht betrachtet, sondern durchschaut werden, aus Versuchsanordnungen abgeleitet werden müssen und daher bis in die Neuzeit, also bis vor wenigen hundert Jahren, nicht wirklich bekannt oder verstanden waren. Und doch sind beide absolut entscheidend für das Verständnis des Geistes, des Bewusstseins, der Bewusstheit und der Funktionsweise des Geistes, und zwar in allen

Bereichen von Weltanschauungen über Spiritualität bis hin zur Wissenschaft.

Beginnen wir mit den Bewusstseinszuständen. Die großen kontemplativen Traditionen nennen im Allgemeinen vier oder fünf große, natürliche Bewusstseinszustände, die allen Menschen praktisch von Geburt an zur Verfügung stehen. Diese sind Wachen, Träumen, traumloser Tiefschlaf, Zeugenbewusstsein oder nichtqualifizierbares Gewahrsein, und nonduales, erwachtes So-Sein. Traum und Tiefschlaf sind nicht auf das Schlafen beschränkt.

Der Traumzustand umfasst subtile Energien oder „Bioenergie", mentale Zustände und höhere mentale Zustände wie sehr kreative Ideen und die Schau von größeren Zusammenhängen.

Der Tiefschlafzustand ist, wenn er als eigenständiger Zustand betrachtet und nicht mit der Zeugenbewusstheit kombiniert wird, der allererste Punkt oder Bereich, wo die letztendliche unmanifeste Realität sich zuerst manifestiet, und somit ist er die Heimat der allerersten, subtilsten Formen der Existenz – Raum und Zeit zum Beispiel und das kollektive „Lagerhaus-Bewusstsein."[8] Manchmal wird es mit der reinen Leere oder dem unqualifizierbaren Gewahrsein als solchem kombiniert, und dann wird das Subtile zum ersten manifesten Bereich.

Auf diese Weise erhalten wir vier statt fünf Hauptzustände oder -bereiche, und die fünf Standardbereiche Materie, Körper, Geist, Seele und GEIST werden auf vier reduziert: Körper, Geist, Seele und GEIST – im Buddhismus zum Beispiel als Nirmanakaya, Sambhogakaya, Dharmakaya und Svabhavikakaya bekannt. Diese Bereiche sind auch bekannt als der grobstoffliche physische Bereich, der subtile Bereich des Geistes, der Bereich des kausalen Bezeugens oder des wirklichen Selbst und der letztendliche GEIST bzw. der nonduale Bereich des Seins oder der Einheit, dessen entsprechende Bewusstseinszustände der Wachzustand, der Traumzustand, der formlose oder leere Zustand des Bezeugens und der letztendliche,

---

8   Anm. d. Übers.: Alaya-vijnana ist ein Sanskrit-Begriff, der wörtlich übersetzt „Lagerhaus-Bewusstsein" bedeutet. Es wird verstanden als Ort, an dem einerseits alle Erfahrungen und Erinnerungen gespeichert sind und von dem andererseits geistige Impulse und Handlungen ausgehen. Er erinnert an den Begriff des „kollektiven Unbewussten", den C. G. Jung eingeführt hat.

allgegenwärtige Zustand des nondualen GEISTES oder des Seins-bewusstseins sind.

Das Bewusstsein oder die Wachheit ist zu Beginn mit dem grob-stofflichen Wachzustand identifiziert. Das Ziel der Meditation ist es, die reine Leere, die leere Gottheit, Ayin, das reine Nichts oder die Leerheit – wie auch immer man es nennen mag – zu entdecken und damit aufzuhören, sich mit dem kleinen, endlichen, sterblichen und auf den Körper begrenzten Ego zu identifizieren. Stattdessen soll das gefunden werden, was die Sufis die „Höchste Identität", was Zen unser „ursprüngliches Antlitz", oder Christen das „Christus-Bewusstsein" nennen: unser „wahres Selbst" und unser letztendlich nondualer GEIST, der radikal frei ist von einer Identität mit irgend-einem bestimmten endlichen Ding oder Ereignis – oder, aus einem anderen Blickwinkel betrachtet – der eins ist mit dem gesamten manifesten und unmanifesten Bereich, radikal eins mit dem All, eins mit dem gesamten Seinsgrund.

Da wir eins sind mit allem, was von Augenblick zu Augen-blick entsteht, gibt es buchstäblich nichts außerhalb von uns, das wir wollen oder begehren könnten, und auch nichts außerhalb von uns, an dem wir uns stoßen könnten – also keine Furcht, keine Sorge, keine Angst. Wie die Upanishaden sagen: „Wo immer es ein Anderes gibt, gibt es Angst" – aber wenn wir eins mit Allem sind, gibt es kein Anderes, das nicht unser eigenes wahres Selbst ist, und so sind wir befreit, erleuchtet, frei von Qualen und Leiden und erwacht zur letztendlichen Güte, Wahrheit, Wirklichkeit und Schönheit – ungeboren und unsterblich, grenzenlos und unbegrenzt, leidenschaftlich frei und lebendig, freudig Eins und glückselig Alles, strahlend unendlich und zeitlos ewig – ein Zustand, der auf ver-schiedene Weise als Erleuchtung, Erwachen, *Moksha* (oder befreit), *Metanoia* (oder transformiert), *Wu* (oder transparent offen, frei und erfüllt) bekannt ist.

Zwischen unserem ursprünglichen Ausgangspunkt – wo unser Bewusstsein oder unsere Wachheit ausschließlich mit dem grob-stofflichen Wachzustand identifiziert ist – und unserer endgültigen Befreiung – wo unsere Wachheit mit dem reinen leeren Sosein oder der nondualen Einheit identifiziert ist – gibt es etwa vier Bewusst-seinszustände, die weniger als vollständig erwacht sind.

Jeder dieser Zustände stellt eine Identität dar, die sozusagen tiefer bzw. höher und näher an der letztendlichen nondualen Höchsten Identität ist, aber nicht ganz dort – obwohl jeder Zustand etwas näher dran ist. Und das Ziel der Meditation ist es, sich durch diese Zustände hindurch im Gewahrsein oder im Bewusstsein oder in der Wachheit hindurch zu bewegen – und sie alle zu transzendieren und zu umfassen.

Oder, anders ausgedrückt, es geht darum, sich durch jeden Zustand hindurch zu bewegen, indem wir uns zuerst im Wachzustand mit ihm identifizieren und ihn dann transzendieren bzw. unsere Identifikation mit ihm lösen, wenn wir uns zum nächst tieferen oder höheren Zustand bewegen, bis wir sie alle transzendiert haben und uns über sie hinaus zum letztendlichen nondualen Zustand bewegt haben und sie dennoch alle in unserer Gewahrsein aufgenommen haben. Wir haben sie also transzendiert oder sind über *alle* hinausgegangen – wir sind mit dem absoluten Nichts oder der reinen Leere identifiziert – und wir haben ebenso sie *alle* mit einbezogen oder uns mit ihnen identifiziert – wir sind sowohl das Nichts als auch das Alles, die Leere und das Alles, die radikale Freiheit und die überfließende Fülle, die Null und die Unendlichkeit. Wir haben unser wahres Selbst entdeckt, eins mit dem GEIST, welcher auch das Selbst des gesamten Kosmos ist. Wir sind in der Tat nach Hause gekommen.

Jede große meditative Tradition weltweit verfügt über Landkarten der bedeutenden Schritte oder Stufen der Meditation, so wie diese Tradition sie verstanden und praktiziert hat. Was uns die Forschung gezeigt hat, ist, dass, obwohl die Oberflächenmerkmale jeder dieser Traditionen und ihrer Stufen sich von Kultur zu Kultur beträchtlich unterscheiden, sich die Tiefenmerkmale aller von ihnen in vielerlei Hinsicht ähneln. Tatsächlich folgen praktisch alle von ihnen den 4 oder 5 großen natürlichen Bewusstseinszuständen, die allen Menschen kulturübergreifend und universell zugeschrieben werden – grobstofflich, subtil, kausal, Zeuge und Soheit (wir werden die spezifische Bedeutung dieser Begriffe gleich diskutieren – für den Augenblick sind sie Variationen von wach, träumend, Tiefschlaf, bezeugend und nondual).

In der integralen Theorie gibt es etwas, das wir als den „Schwerpunkt" des Selbst bezeichnen. Das Selbst hat zwei

Schwerpunkte – seinen „*Struktur*-Schwerpunkt" (als die Stufe im Gesamtspektrum der Strukturen des Bewusstsein, mit der das Selbst zu einem gegebenen Zeitpunkt am meisten identifiziert ist) und den „*Zustands*-Schwerpunkt" (als den Bewusstseinszustand im Spektrum der wichtigsten Zustände des Bewusstseins, mit dem das Selbst zu einem gegebenen Zeitpunkt am meisten identifiziert ist). Im strukturellen Wachstumsprozess – von archaisch zu magisch zu mythisch zu rational zu pluralistisch zu integral zu super-integral – könnte man sich also hauptsächlich auf der mythischen Ebene befinden, während man in der Zustandsentwicklung – von grobstofflich zu subtil zu kausal zu bezeugend zu nondual – hauptsächlich im Subtilen aufhält. Der eigene duale Schwerpunkt wäre dann (mythisch/subtil).

Diese Beziehung von Strukturentwicklung und Zustandsentwicklung wird oft als das Wilber-Combs-Raster (oder -Matrix) bezeichnet, nach mir und Allan Combs benannt, da wir beide unabhängig voneinander im Wesentlichen dieselbe Idee hatten (siehe Abb. 1, S. 44).

Auf der vertikalen Achse in dieser Abbildung sind Ebenen des Strukturwachstums (für jede der multiplen Intelligenzen bzw. Entwicklungslinien) zu sehen. Wir verwenden unsere Standardstufenbezeichnungen archaisch, magisch, mythisch, rational, pluralistisch, integral und super-integral. Ganz oben stehen die wichtigsten Bewusstseinszustände, die in Frage kommen.

In diesem Fall sind es vier unser fünf Standard-Hauptbewusstseinszustände – der grobstoffliche, der subtile, der kausale und der nonduale Zustand. Darunter stehen die Namen der mystischen Gipfelerfahrungen dieser Zustände. Das Einssein mit dem gesamten grobstofflichen Bereich ist Naturmystik; das Einssein mit einer subtilen Gottheitsform ist Gottheitsmystik; das Einssein mit dem formlosen kausalen/erlebenden Zustand ist formlose Mystik; und das Einssein mit dem letztendlichen nondualen Bereich ist nonduale oder Einheitsmystik.

Der wesentliche und zentrale Punkt dieser Abbildung ist, dass, wie angedeutet, jeder Bewusstseinszustand von einer Grundstruktur (archaisch bis super-integral) aus interpretiert (und auch erfahren) wird. Je nachdem, auf welcher Entwicklungsstufe sich eine Person

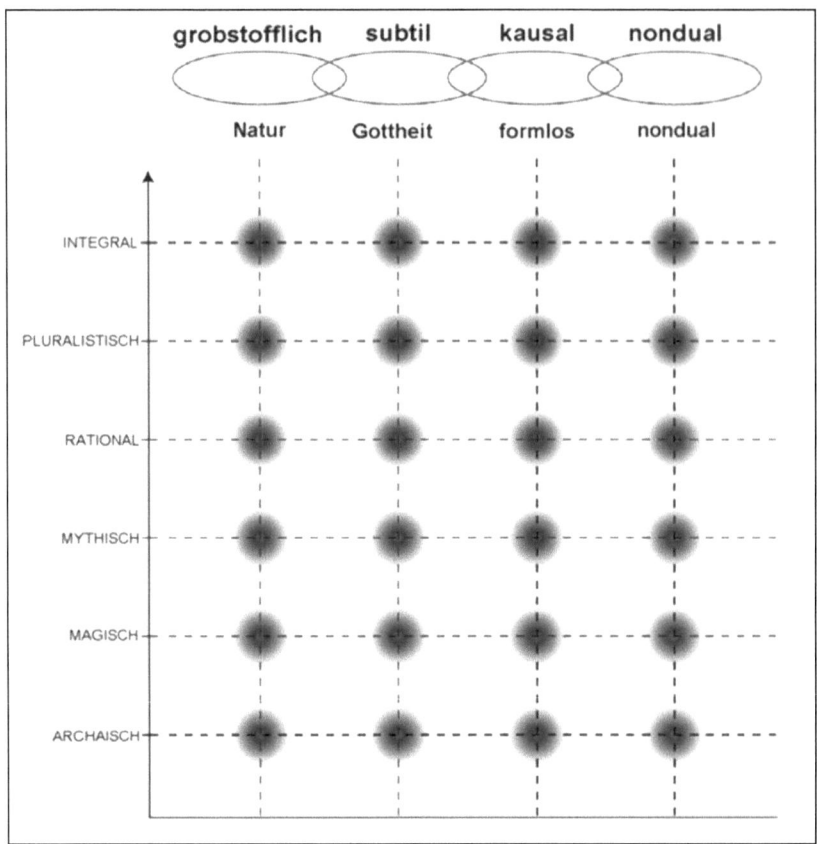

Abb. 1: Die Wilber-Combs-Matrix. Alle Bewusstseinszustände (obere waagrechte Achse) können auf allen Entwicklungsstufen (linke vertikale Achse) auftreten und damit verbundene spezifische Erfahrungen mit sich bringen

befindet, wird dies die Natur und die Erfahrung jedes dieser Zustände dramatisch verändern (entweder für sich genommen oder als eine bestimmte Zustandsstufe in einem Gesamtpfad der Meditation).

Wir werden darauf zurückkommen, wenn wir Beispiele für den Buddhismus für jede der Strukturstufen geben, und wie jede Struktur ihre eigenen Lehren anders interpretiert. Doch zunächst wollen wir uns die Beweise für die Existenz dieser fünf Hauptzustände und ihrer Stufen in allen großen kontemplativen Systemen der Welt ansehen.

Anstatt eine Unmenge von Beispielen für die Ähnlichkeiten in den Tiefenmerkmalen der meditativen Traditionen der Welt zu geben, werde ich nur drei oder vier aus dem Osten, dem Westen und der Postmoderne anführen.

Beginnen wir mit einem sehr vereinfachten Überblick darüber, worum es geht. Unabhängig davon, welchen strukturellen Entwicklungsschwerpunkt eine Person hat, wenn sie mit der Meditation beginnt (von magisch bis integral), wird sie fast immer mit einem Zustandsschwerpunkt im grobstofflichen Wachzustand beginnen. (Der strukturelle Schwerpunkt ist definitiv wichtig, weil er weitgehend bestimmt, wie die verschiedenen meditativen Zustände interpretiert werden. Darauf werden wir zurückkommen.)

Im grobstofflichen Wachzustand ist das Individuum mit dem physischen Körper und dem grobstofflich-reflektierenden Geist identifiziert – dem grobstofflichen, chaotischen „Affengeist", dem Strom von Gedanken, Gefühlen, Emotionen und Empfindungen, der sich auf den egozentrischen Zustand konzentriert und den materiellen Bereich und seine Wünsche reflektiert.

Bei den Formen der Achtsamkeitsmeditation wird die Person angewiesen, den Strom der Ereignisse einfach zu beobachten, ohne zu urteilen, zu verurteilen oder sich damit zu identifizieren. Nach einigen Monaten wird sich der „Affengeist" beruhigen, und das Bewusstsein wird sich für subtilere Dimensionen des GEISTES und des Seins öffnen, z. B. für subtile Zustände liebender Güte, Zustände von hellem Licht und einer unendlich erscheinenden Erleuchtung, bis hin zu einer friedvollen Stille und geistiger Ruhe, Erfahrungen der Ausdehnung über das Ego hinaus in tiefere und tiefere Zustände eines ICH BIN (in diesem Stadium wird oft von der subtilen Seele gesprochen.

Was die „Seele" betrifft, sollten Buddhisten erkennen, dass die Seele wie das Ego lediglich eine konventionelle Realität hat, keine letztendliche Realität; aber auf dieser Stufe hat die Seele, wie das Ego im grobstofflichen Zustand/Bereich, eine *konventionell* reale Realität und ausschließliche Identität, die jedoch auch sterben muss).

Wenn sich das meditative Gewahrsein in das Kausale/Bezeugen vertieft, kann eine Erweiterung hin zu einem reinen Gewahrseins, das völlig frei von Gedanken ist, zunehmen; Zustände einer transpersonalen Identität oder des wahren Selbst oder der unendlichen ICH-BIN-Identität können in zunehmendem Maße auftreten; universelle Liebe, Glückseligkeit und Freude können erscheinen; die Identität mit dem endlichen Körper-Geist kann völlig fallengelassen werden und durch etwas ersetzt werden was mit Christus-Bewusstsein, Buddha-Mind oder Ein Sof[9] bezeichnet wird.

Vertieft sich dieses Gewahrsein noch weiter, vom Kausal/Bezeugen zur letztendlichen Einheit oder Nondualität, fällt die Erfahrung einer Subjekt-Objekt-Dualität – das Erleben eines Zeugen oder Beobachters, der die Phänomene beobachtet – völlig weg, und anstatt einen Berg zu betrachten, erlebt man sich als der Berg; anstatt die Erde zu fühlen, ist man die Erde; anstatt sich der Wolken bewusst zu sein, die am Himmel vorbeiziehen, ziehen die Wolken *in einem selbst* vorbei, in dem eigenen Gewahrsein.

Ein Zen-Meister drückte es bei seinem Erwachen so aus: „Als ich das Läuten der Glocke hörte, gab es keine Glocke und kein Ich, nur das Läuten." Wird dieser Zustand mehr oder weniger dauerhaft, hat sich der Schwerpunkt der eigenen Zustandsbewusstheit vom Grobstofflichen zum Subtilen zum Kausalen/Zeuge zur nondualen Einheit verschoben – und man erlebt sich als die Höchste Identität – eins mit dem GEIST und eins mit der gesamten manifesten Welt (woraus auch immer die Welt für uns besteht – die sich, wie wir sehen werden, von Struktur zu Struktur verändert und ausdehnt.

Evelyn Underhill weist in ihrem Buchklassiker *Mysticism*[10] darauf hin, dass praktisch alle westlichen Mystiker auf ihrem Weg zur dauerhaften Verwirklichung dieselben allgemeinen 4 oder 5 großen Zustandsstufen durchlaufen – und es handelt sich dabei natürlich um Variationen der Standardstufen grobstofflich, subtil, kausal-formlos und nonduale Einheit.

Doch ich möchte zunächst darauf hinweisen, dass die Zustandsentwicklung, im Gegensatz zur Strukturentwicklung, viel lockerer

---

9 Anm. d. Übers.: En Sof: (hebräisch: Unendliches) Begriff aus der kabbalisitischen Mystik. Die verbogene göttliche Wirklichkeit jenseits aller Qualitäten, aus der die Schöpfung entsteht.

10 Anm. d. Übers.: Deutsch: Underhill, E.; Mystik. Eine Studie über Natur und Entwicklung des religiösen Bewusstseins im Menschen. Mit einem Nachwort von Friedrich Heiler. München 1928. Vgl. dazu die ausführliche Buchbesprechung von Michael Habecker auf www.michaelhabecker.de

und weniger starr ist. Strukturen entstehen in einer Reihenfolge, die nicht durch soziale Konditionierung verändert werden kann; man kann die Strukturstufen nicht überspringen; und man kann (im Gegensatz zu Zuständen) keine Gipfelerfahrungen mit Strukturen machen, die höher als eine Stufe oder so entfernt sind. Jemand, der sich auf der moralischen Stufe 1 befindet, kann zum Beispiel keinen Gedanken der moralischen Stufe 5 erleben. Aber jemand, der sich in einem grobstofflichen Zustand befindet, kann einen kausalen oder sogar einen nondualen Zustand erleben.

Bei der Achtsamkeitsmeditation geht es darum, sich zu Beginn mit dem bezeugenden Gewahrsein zu identifizieren – oder zumindest zu versuchen, sich damit zu identifizieren. Dennoch gilt auch, dass sich der Schwerpunkt des eigenen Zustands eher von Stufe zu Stufe verschiebt, da die tatsächliche Identifikation – im Gegensatz zu vorübergehenden Gipfelerfahrungen – mit höheren Zuständen auf bestimmten früheren Identifikationen mit niedrigeren Zuständen beruht; dennoch ist auch das keine feste Regel.

Doch in diesem Sinne sind Underhills Stufen die *grobstoffliche Reinigung* – wo man mit der inneren Reinigung und dem Loslassen der Identität mit dem physischen Körper und seinen Gedanken arbeitet; die *subtile Illumination*, wo man in all die subtileren Dimensionen, Lichterfahrungen und höheren Emotionen der Seele eingeführt wird; eine *dunkle Nacht*, in der man eine kausale, formlose Wolke des Nichtwissens entdeckt, als eine Befreiung von endlicher Knechtschaft (und man leidet oft furchtbar, wenn diese große Freiheit verloren geht, weil die Erkenntnis noch nicht dauerhaft ist); und schließlich ein *nonduales Einheitsbewusstsein*, in dem Seele und Gott in der letztendlichen Gottheit verschwinden. Der gesamte Prozess wird oft mit einer Gipfelerfahrung des Erwachens oder einer Metanoia eingeleitet, einem Blick, der einem das Paradies der letztendlichen Wirklichkeit zeigt und die Seele auf den Pfad der Zustandsstufen und des Erwachens bringt.

In einem von mir mitverfassten Buch mit dem Titel *Psychologie der Befreiung* haben wir ein Kapitel des Harvard-Theologen John Chirban aufgenommen, der als Beispiele frühe kirchliche Wüstenheilige heranzieht und zeigt, dass sie alle etwa fünf Zustandsstufen durchlaufen haben, die alle Variationen von Underhills vier oder fünf Grundstufen sind (und diese wiederum alle Variationen von grobstofflich, subtil, kausal, bezeugend und nondual).

Apropos *Psychologie der Befreiung:* Einer meiner wichtigsten Co-Autoren für dieses Buch, Daniel P. Brown, ebenfalls aus Harvard, hat die letzten 30 Jahre seines Lebens damit verbracht, die Meditationssysteme der Welt zu studieren, wobei er sich auf eines der ausgefeiltesten und vollständigsten Systeme konzentrierte, die je entwickelt wurden, und zwar das Mahamudra-System des tibetischen Buddhismus. Er arbeitete mit 14 Mahamudra-Wurzeltexten, alle in ihrer Originalsprache, und zeigte, dass sie alle dieselben 4 oder 5 wesentlichen Entwicklungsstufen durchlaufen (Stufen, die er Erlebensdimensionen nennt). Nun ist ein Erlebnisbereich für einen Zustand/Bereich das, was eine Sichtweise für eine der Grundstrukturen des Bewusstseins ist – eine Stufe. Schauen wir uns kurz an, was das bedeutet, und kehren dann zu unserem Hauptthema zurück.

In der Strukturentwicklung haben wir eine Metapher, die wir „Leiter, Kletterer, Sichtweise" nennen. Die Leiter ist das Spektrum der Grundstrukturen des Bewusstseins, die Grundsprossen der Leiter. Wenn sie einmal auftauchen, bleiben sie bestehen. Ich werde gleich Beispiele dafür geben. Der Kletterer ist das Selbstsystem. Während er die grundlegenden Sprossen der Existenz erklimmt, identifiziert er sich vorübergehend und ausschließlich mit jeder Sprosse und sieht die Welt mit den Augen der jeweiligen Sprosse, als eine bestimmte Aussicht. Mit anderen Worten, sein Blick auf die Welt wird durch diese Sprosse und ihre Eigenschaften bestimmt. Wenn er sich zum Beispiel mit dem konkret begrifflichen Verstand identifiziert, sieht er die Welt in konkreten mythisch-literarischen Begriffen. Wenn er sich mit dem rationalen Verstand identifiziert, sieht er die Welt in modernen, rationalen, wissenschaftlichen oder objektiven Begriffen. Wenn er sich mit der synthetisierenden Schaulogik identifiziert, folgt daraus eine integrale Sichtweise. Und so weiter.

Abbildung 2 ist eine verkürzte Liste von Grundstrukturen mit ihren entsprechenden Sichtweisen – oder der Art und Weise, wie die Welt aussieht, wenn eine Struktur zu einer Strukturstufe wird, oder wenn sich das Selbst mit dieser bestimmten Struktursprosse identifiziert hat und sie somit zum Strukturschwerpunkt des Selbst

Drehpunkt	Stufen	Sichtweise
1. Rang		
1	Sensorimotorischer Geist	Archaisch
2	Instinktiver oder impulsiver Geist	Magisch; emotional-sexuell
3	Konzeptueller bzw. intentionaler Geist	Magisch-mythisch; Macht
4	Konkreter Geist	Mythisch; konformistisch; traditionell; Zugehörigkeit
5	Rationaler Geist	Vernunft; multiplistisch; modern; Selbstachtung
6	Pluralistischer Geist	Pluralistisch; postmodern; planetarisch
2. Rang		
7	Niedere und höhere Schaulogik	Holistisch; systemisch, integral; global
3. Rang		
8	Systemischer Geist	Transglobal
9	Meta-Geist	Visionär
10	Para-Geist	Transzendent
11	Über-Geist	Transzendent-Immanent; Nondual
12	Super-Geist	

Abb. 2: Die Stufen der Entwicklung und deren zugeordneten Sichtweisen

wird, durch den es die Welt sieht und interpretiert (Sichtweisen sind das, was wir archaisch, magisch, mythisch, rational, pluralistisch, integral und super-integral genannt haben.) Abbildung 2 zeigt die entsprechenden Grundstrukturen, welche diese Sichtweisen unterstützen.

Anmerkung: Was die Namen der Sichtweisen betrifft, so gibt es neben denen, die wir verwendet haben – wie z. B. magisch und pluralistisch oder Zugehörigkeit und Selbstwertgefühl – buchstäblich Dutzende von weiteren verschiedenen Namen, die wir für jede Sichtweisen verwenden könnten, daher bitte ich zu bedenken, dass dies eine sehr enge Auswahl möglicher Begriffe der Sichtweisen ist.

49

Im Verlauf der Struktur- und Strukturstufenentwicklung, wenn das Selbst von einer Stufe zur nächsthöheren Stufe aufsteigt, geschehen zwei wichtige Dinge:

(1) Das Selbst lässt die Sichtweise der unteren Stufe fallen oder verliert sie und ersetzt sie durch die Sichtweise der nächsten Stufe. Wenn man – als Vergleich – eine Leiter hochklettert und von Sprosse drei auf Sprosse vier steigt, sieht man die Welt nicht mehr von Sprosse drei aus – diese Sichtweise ist verschwunden. Stattdessen betrachtet man die Welt von Sprosse 4 aus.

Aber (2) die Sprosse drei selbst bleibt weiterhin bestehen – die Sprosse 4 ruht ja auf ihr. In jeder Stufe der Strukturentwicklung bleibt also die grundlegende Sprosse bestehen und wird einbezogen, aber die Sichtweise dieser Sprosse wird transzendiert; sie wird durch die Sichtweise der nächsthöheren Sprosse ersetzt, da sich das Selbst nun mit dieser identifiziert.

Dies meinen wir, wenn wir sagen, dass Entwicklung bedeutet, zu transzendieren und zu umfassen oder zu negieren und zu bewahren (Hegel sprach von einem „zugleich negieren und bewahren", was wir gewöhnlich mit „transzendieren und umfassen" übersetzen). Was bewahrt und umfasst wird, sind die grundlegenden Struktursprossen; was negiert und transzendiert wird, sind die besonderen Sichtweisen. Jedes Mal, wenn eine dieser großen Transformationen auftritt, nennen wir sie einen „Drehpunkt" der Entwicklung; zwölf solcher Drehpunkte, die zwölf großen Struktursprossen entsprechen, sind in Abb. 2 dargestellt.

Dasselbe Transzendieren und Umfassen geschieht nun mit Zuständen und ihren Bereichen, mit den dazugehörigen Erfahrungen diesen Erlebensdimensionen, wenn sich der Bewusstheitsschwerpunkt durch diese Zustandsbereiche hindurch entwickelt, indem seine exklusive Zustands-Identität sukzessive von einer Zustandsstufe zur nächsten zuerst identifiziert, dann von dieser Zustandsstufe sich wieder ent-identifiziert, um sich mit der nächsten Zustandsstufe zu identifizieren (d. h. seinen Zustandsschwerpunkt von einer Zustandsstufe zur nächsten verlagert). Zustandsbereiche werden bewahrt und umfasst; Erlebensdimensionen werden transzendiert und (in ihrer Ausschließlichkeit) negiert.

Als Einführung in diese aufeinanderfolgenden Zustandsstufen gibt Geshe Kelsang Gyatso die folgenden sechs Stufen der Mahamudra-Meditation an:

1. Wahrnehmen unseres grobstofflichen Geistes
2. Unseren grobstofflichen Geist unmittelbar erkennen/verwirklichen
3. Wahrnehmen unseres subtilen Geistes
4. Unseren subtilen Geist unmittelbar erkennen/verwirklichen
5. Wahrnehmen unseres kausalen/nondualen Geistes
6. Unseren kausalen/nondualen Geist unmittelbar erkennen verwirklichen

Hier verwendet Gyatso die Standard-Zusammenfassung der drei Zustände/Bereiche – Nirmanakaya, Sambhogakaya und Dharmakaya – oder grobstofflich, subtil und sehr subtil (der tibetische Begriff für „kausal" ist „sehr subtil" – also statt „grobstofflich, subtil, kausal" heißt es „grobstofflich, subtil, sehr subtil"); diese Darstellung von 3 Zuständen fasst implizit den bezeugenden Geist (4. Zustand) und den nondualen leeren Geist (5. Zustand) zusammen – beide werden von den Tibetern anerkannt, doch oft im Dharmakaya zusammengefasst, den ich daher mit kausal/nondual bezeichnet habe. Dies ist einfache Semantik. Der Punkt ist, dass „grobstofflich, subtil, kausal" von dieser Tradition anerkannt wird.

Dan Brown beginnt mit dem grobstofflichen Wachzustand, in dem der Durchschnittsmensch ausschließlich mit dem grobstofflichen physischen Körper und den grobstofflichen Gedanken und Gefühlen identifiziert ist. Nachdem verschiedene Vorbereitungen getroffen wurden und die Meditationspraxis in Gang gekommen ist, findet die erste große Verschiebung vom grobstofflichen Zustand und seiner Erlebensdimension zum subtilen Zustand und dessen Erlebnisdimension statt.

Hier ist man nicht mehr ausschließlich mit dem physischen Körper und den Gedanken oder dem grobstofflichen Bereich im Allgemeinen identifiziert (obwohl dieser Hauptzustandsbereich wie die Grundsprossen der Leiter weiterhin existiert), sondern der Bewusstheitsschwerpunkt wird nun mit dem subtilen Bereich und dessen

Erlebnisbereich identifiziert, der nicht mehr das grobstoffliche Ego[11] ist, sondern das, was Brown die subtile Persönlichkeit nennt (was christliche Kontemplative die „Seele" nennen).

Brown nennt dieses Stadium „Gewahrsein", da es das erste Stadium ist, das frei von grobstofflichen, umherschweifenden Gedanken und Gefühlen ist und mehr in Kontakt mit dem reinen Gewahrsein steht.

Auf der nächsten Stufe, der kausalen Stufe, wird die subtile Persönlichkeit, die Seele oder deren Erlebnisbereichsschwerpunkt aufgelöst (obwohl der subtile Bereich selbst weiterhin existiert), und was übrig bleibt, sind die subtilsten (oder „kausalen") Formen der Manifestation selbst – und zwar Raum und Zeit. Dan nennt diese kausale Stufe „reines Gewahrsein".

Wenn die Entwicklung zum nächsten Stadium, dem des bezeugenden Gewahrseins, fortschreitet, hört man auf, sich ausschließlich mit dem Kausalen und seinem Erlebnisbereich zu identifizieren, und transzendiert stattdessen Raum und Zeit, um ein reines zeitloses Jetzt zu finden – und ein Gewahrsein, das sich auf die reine Gegenwärtigkeit konzentriert. Brown nennt dies ein „Gewahrsein in und aus sich selbst". An diesem Punkt erscheinen auch die drei Unterebenen der Nondualität (das Erkennen der Nondualität *nachdem*[12] Dinge erscheinen, *während* sie erscheinen und *bevor* sie erscheinen, wobei nur die letzte davon wahre Erleuchtung oder Erwachen ist).

Dies ist Browns letzte große Stufe – ein erwachtes nonduales Gewahrsein, welches die Subjekt-Objekt-Dualität überwindet, die dem Zeugen auf eine subtile Weise noch verblieben ist (und die Brown „Individualität" nennt – was oft als das wahre Selbst oder das wirkliche Selbst bezeichnet wird – eine „Individualität", die schließlich für die endgültige nonduale Einheit oder Soheit transzendiert werden muss), die die Welt als eine nahtlose (nicht eigenschaftslose) Ganzheit oder nonduale Realität sieht, in der das Bewusstsein

---

11 Anm. d. Übers.: Zu den vier Hauptzuständen des Seins, („grobstofflich", „subtil", „kausal" und „nondual") gibt es jeweils eine psychische Instanz, die mit dem entsprechenden Bereich korrespondiert und identifiziert ist, für die Ken Wilber die folgenden – nicht-wertenden – Begriffe verwendet: Ego (grobstofflich), Seele (subtil), Selbst (kausal) und Soheit (nondual).

12 Anm. d. Übers.: Hervorhebungen von MH.

einer Person mit allen grobstofflichen, subtilen und kausalen Phänomenen eins ist, sich aber mit keinem von ihnen ausschließlich identifiziert. Diese Bereiche existieren und entstehen weiterhin, aber es gibt keine exklusive Identität oder Anhaftung an einen von ihnen. (Also: grobstofflich, subtil, kausal, bezeugend und nondual.)

Ein letztes, postmodernes Beispiel war der amerikanische spirituelle Lehrer Adi Da, der schrieb: „Um die vollkommenste göttliche Erleuchtung zu verwirklichen, muss das Ego in drei verschiedenen Phasen transzendiert werden – zuerst auf der (grobstofflichen) physischen Ebene (der Ebene von „Geld, Nahrung und Sex"), dann auf der subtilen Ebene (der Ebene der inneren Visionen, Auditionen und aller Arten von mystischen Erfahrungen) und schließlich auf der kausalen Ebene (der Wurzelebene der bewussten Existenz, auf der das Gefühl von „Ich" und „Anderem" oder die Subjekt-Objekt-Dichotomie im Bewusstsein aufzutauchen scheint)."

Die vierte Phase war für Adi Da die Verwirklichung der „Immer-Schon-Wahrheit" des allgegenwärtigen Ziels, Grundes und der Bedingung aller Existenz, ob hoch oder niedrig, heilig oder profan, manifest oder unmanifest – also grobstofflich, subtil, kausal (implizites Zeugenbewusstsein), nondual.

Ein einfaches zusammenfassendes Schema der 5 Hauptzustände und Zustandsstufen der Meditation ist in Abbildung 3 (Seite 55) dargestellt.

Die Stufen von Evelyn Underhill sind in kleiner Schrift auf der linken Seite des Diagramms angegeben und repräsentieren den Westen; die Stufen eines anderen östlichen Systems – des Höchsten Yoga Tantra – sind in der „südöstlichen" Linie des Diagramms aufgelistet (beginnend mit den „5 Skandhas" oder den 5 Hauptformen des grobstofflichen Bewusstseins – materielle Form, Bild, Symbol, konzeptueller Geist und egozentrisches Selbstkonzept – und endend mit dem „schwarzen Beinaherlangen" oder der kausalen „Schwärze" oder Abgrund-Natur, die dem nondualen Erwachen vorausgeht).

Die Hauptzustandsstufen sind grobstofflich, subtil, kausal, *turiya* (was wörtlich „die Vierte" bedeutet, wie in der 4. Hauptzustandsstufe des Bewusstseins, der des Zeugen) und schließlich *turiyatita* („jenseits der Vierten"), oder nonduales erwachtes Gewahrsein. Für jede der Hauptzustandsstufen ist eine „dunkle Nacht" aufgeführt, die unter anderem den Tod des jeweiligen separaten Selbstgefühls beinhaltet, das mit diesem Zustandsbereich verbunden ist, vom Ego des Grobstofflichen über die Seele des Subtilen bis hin zum Zeugen des Kausalen/Bezeugenden, auf dem Weg zum reinen nicht-quali-fizierbaren nondualen erwachten Gewahrsein oder der Soheit.

Gelingt es nicht, sich von einem bestimmten Bewusstheitsschwer-punkt zu differenzieren und sich von ihm zu ent-identifizieren, führt das zu einer Fixierung/Sucht nach dieser Selbstwahrnehmung. Geht die Differenzierung andererseits zu weit, führt das zu einer Dissoziation und Abspaltung von dieser Selbstwahrnehmung, und damit zu einer Vermeidung/Allergie gegen dieses Selbst. Beides sind Fehlentwicklungen – Fehlnavigationen des „Transzendierens und Umfassens" – und stellen schwerwiegende Fehlfunktionen in der allgemeinen Zustandsentwicklung dar.

Der Sinn des gesamten meditativen Pfades besteht darin, dass die Wachheit bzw. Wachsamkeit (oder das Bewusstsein als solches) alle Zustandsbereiche transzendiert und umfasst, und keine der ver-schiedene Zustandsänderungen (wie Träume und Tiefschlaf) zu „verdunkeln" oder zu „vergessen" und stattdessen ein „konstantes Bewusstsein" oder ein allgegenwärtiges nonduales Gewahrsein erfährt, als die Vereinigung (und Transzendenz) des individuellen endlichen Selbst und des unendlichen GEISTES.

Diese universellen Ähnlichkeiten sind wahrscheinlich in den natürlichen Bewusstseinszuständen verwurzelt, mit denen die Gehirne aller menschlichen biologischen Organismen geboren werden – grobstoffliches Wachen, subtiles Träumen, kausal-form-loser Tiefschlaf sowie das allgegenwärtige nonduale Gewahrsein, die Quelle und Stütze von allem.

Postmodernisten, die versuchen, alle Universalien zu verneinen, tun sich schwer damit, diese universellen Gehirnzustände wegzu-erklären. Zu sagen, dass Buddhisten kulturell konstruierte Gehirn-zustände haben, die sich massiv von jüdischen Gehirnzuständen unterscheiden, die sich wiederum von hinduistischen Gehirn-zuständen unterscheiden, macht einfach keinen Sinn. Unsere bio-logischen Gehirne und ihre Zustände ähneln sich in ihren Tiefen-merkmalen, wo immer Menschen auftauchen, und daher haben kontemplative und meditative Phasen einen universellen Charakter

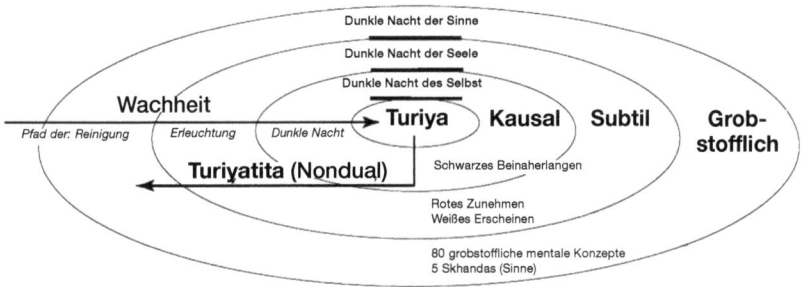

Abb. 3 Hauptstufen von meditativen Zuständen

(wiederum in ihren Tiefenmerkmalen, während ihre Oberflächenmerkmale sich von Kultur zu Kultur und oft von Individuum zu Individuum unterscheiden).

Die Stufen der Meditation sind, mit anderen Worten, wie praktisch alles andere, eine 4-Quadranten-Angelegenheit (die 4 Quadranten sind 4 Hauptperspektiven, die jeder Situation innewohnen und auf die wir gleich zurückkommen werden). Dazu gehören Bereiche wie biologische, psychologische, kulturelle und soziale Faktoren – die alle eine Rolle dabei spielen, wie die Oberflächenmerkmale dieser meditativen Phasen erscheinen und erlebt werden. Es ist bekannt, dass kulturelle und soziale Faktoren eine wichtige Rolle dabei spielen, wie sich die menschliche Erfahrung entfaltet.

Dies gilt auch für transpersonale universelle Merkmale – sie werden von Strukturen in allen 4 Quadranten interpretiert. So findet man z. B. in der westlichen mystischen Literatur unzählige Hinweise auf Lichtwesen, oft mit zwei Flügeln – mit anderen Worten, auf Engel. Aber es gibt keine einzige Erwähnung eines Lichtwesens mit 10.000 Armen; und doch ist das ein sehr häufiger Anblick in Tibet, wo der Bodhisattva des Mitgefühls, Avalokitesvara, darstellt wird, von dem zum Beispiel gesagt wird, dass der Dalai Lama eine Inkarnation ist.

Der Punkt ist nicht, dass diese Figuren lediglich kulturelle Konstruktionen sind – der subtile Bewusstseinszustand und der Zustand des Gehirns, dem sie beide entspringen, sind sehr real und universell anzutreffen; aber sie werden durch Faktoren interpretiert, die kulturelle und soziale Gestaltungen beinhalten. Was weniger häufig – ja sogar selten – verstanden wird, ist die Bedeutung von Sichtweisen und Erlebensdimensionen für die menschliche Erfahrung, wie sie gesehen, interpretiert und erlebt wird. Diese Sichtweisen und Erlebensdimensionen sind ebenso real wie kulturelle und soziale Faktoren.

Zustände und ihre Erlebensdimensionen – grobstofflich, subtil, kausal/bezeugend und nondual – bestimmen generell die Arten von Phänomenen, die in Erscheinung treten können, um überhaupt erfahren zu werden (oder *was* entsteht – grobstoffliche Phänomene, subtile Phänomene, kausale Phänomene oder nonduale Phänomene); und Strukturen und ihre Sichtweisen bestimmen, *wie* diese Phänomene erfahren und interpretiert werden. Dasselbe Phänomen, durch eine andere Sichtweise betrachtet, führt praktisch zu einem anderen Phänomen.

Nehmen wir zum Beispiel an, eine Person befindet sich in einem Traumzustand. Dies ist eine Untergruppe des subtilen Bereichs, und der subtile Bereich ist ein Bereich wilder Kreativität, weitgehend frei von den bestimmenden Zwängen und Beschränkungen des grobstofflichen Bereichs, so dass eine Person von allem träumen kann, von einem Einhorn bis zu einer wichtigen neuen Anwendung einer bestehenden Technologie.

Aber *wie* eine Person den Traum interpretiert, hängt in hohem Maße von ihrer Sichtweise (ihrem Entwicklungsstand in der Strukturstufe) ab. Nehmen wir an, die Person ist Christ und träumt von einem strahlend leuchtenden Wesen aus Licht und Liebe. Wahrscheinlich interpretiert sie dieses Wesen als Jesus Christus selbst. Wenn sich die Person auf der Stufe des konzeptuell/intentionalen Verstandes befindet – dem egozentrischen und machtgesteuerten Verstand –, weil die magisch-mythische Sichtweise hier tatsächlich egozentrisch oder nur zu einer 1. Person-Perspektive fähig ist, könnte die Person sich selbst – und nur sich selbst – als Jesus Christus sehen.

Wenn wir eine Stufe höher gehen, zur traditionellen mythischen Sichtweise, die eine 2. Person-Perspektive einnehmen kann und damit ihre Identität von „ich" auf „wir" oder „uns" ausdehnt, und die glaubt, dass die Bibel das buchstäbliche Wort Gottes ist; dass wahre Gläubige „das auserwählte Volk" sind (während alle anderen in der Hölle schmoren werden); die Wunder in der Bibel alle wortwörtlich wahr sind (von Moses, der das Rote Meer teilte, über Noah und seine Arche, die alle Lebewesen retteten, bis hin zu Christus, der von einer biologischen Jungfrau geboren wurde) – diese Person könnte dieses Lichtwesen, das Jesus Christus ist, als den Retter aller wahren Gläubigen sehen; er ist der Retter des auserwählten Volkes (während alle anderen, die ihn nicht als ihren persönlichen Retter akzeptieren, für die ewige Hölle bestimmt sind).

Auf der nächsthöheren Ebene – der des rationalen oder objektiven Verstandes – kann der Einzelne eine kritische und reflektierende Haltung einer 3. Person-Perspektive einnehmen und die Bibel auf angebliche Wahrheiten hin untersuchen, die vor 2.000 Jahren sinnvoll waren, heute aber keinen Sinn mehr ergeben (z. B. kein Schweinefleisch zu essen, nicht mit menstruierenden Frauen zu sprechen und so weiter). Als Thomas Jefferson auf den Stufen des Weißen Hauses saß und mit einer Schere begann, alle Teile der Bibel herauszuschneiden, die er für mythischen Unsinn hielt, brachte er einen rationalen Standpunkt zum Ausdruck. Eine Person in diesem Stadium würde diese Jesus-Figur wahrscheinlich nicht als den buchstäblich einzigen Sohn Gottes erleben, der von einer biologischen Jungfrau geboren wurde, sondern eher als einen berühmten Weltlehrer von großer Liebe und Weisheit, der der modernen Welt immer noch wichtige Dinge zu sagen hat.

Ein und dasselbe Phänomen – ein Wesen aus strahlendem Licht – und doch drei völlig unterschiedliche Interpretationen und Erfahrungen dieses Phänomens, je nach der Bewusstseinsstruktur des Subjekts – der jeweiligen Stufe oder Sichtweise. Stellen wir uns nun vor, dass die Meditation ein bestimmtes Stadium der Erleuchtung und Einsicht erreicht – sagen wir, ein Stadium des subtilen Leuchtens. Der subtile Bereich und sein Erlebnisbereich werden bestimmen, welche Arten von Phänomenen überhaupt entstehen können – in diesem Fall Leuchten und Einsicht – ein Bewusstsein für Vergänglichkeit und Selbstlosigkeit – so wie der subtile Bereich des Traums das Wesen des Lichts und die Gefühle der Liebe bestimmt.

Doch darüber hinaus, in der Meditation, gibt es einen Unterschied bezüglich der tatsächlichen Erfahrung und dem Verständnis eines Individuums mit magisch-mythischer Sichtweise (egozentrisch), eines Individuums mit mythisch-buchstäblicher Sichtweise (ethnozentrisch) und eines Individuums mit rationaler Sichtweise (weltzentrisch). An diesem speziellen Punkt in der Meditation konzentrieren sich die meditativen Tradition auf den besonderen Zustand selbst und den Erlebnisbereich dieses Zustandes, der in seinen Tiefenmerkmalen für alle drei im Wesentlichen derselbe ist – Leuchten und Einsicht.

Doch die tatsächliche Beschaffenheit, die spezifische Natur, das Ausmaß, die detaillierte Interpretation und die Perspektive unterscheiden sich in vielerlei Hinsicht zwischen diesen drei Individuen, was zum großen Teil von ihrer tatsächlichen Sichtweise abhängt, die wiederum von der Strukturstufe und der grundlegenden Sprosse des Strukturschwerpunkts des Individuums abhängt – diese Meditationsstufe aus der Perspektive der 1. Person, aus der Perspektive der 2. Person und aus der Perspektive der 3. Person zu sehen, bedeutet, sie auf vielerlei Arten sehr unterschiedlich zu sehen. Wie wir gesehen haben, ist der Erlebnisbereich eines der wichtigsten Elemente, die bestimmen, *was* wir sehen; aber die Sichtweise ist eines der wichtigsten Elemente dafür, *wie* wir sehen, die Linse, durch die wir diese und jede Erfahrung betrachten – wie wir sie in einen Zusammenhang stellen, wie wir sie erleben, wie wir sie interpretieren, welche Bedeutung wir ihr geben.

Der Punkt ist, dass Individuen eine Meditationspraxis bereits von verschiedenen Struktursprossen der Entwicklung aus durchlaufen, mit unterschiedlichen Sichtweisen – ganz zu schweigen von ganzen Schulen des Buddhismus, die von verschiedenen Sichtweisen ausgehen (wie wir sehen werden). Die Berücksichtigung sowohl von Strukturen wie auch von Zuständen kann in vielerlei Hinsicht nur positive Ergebnisse bringen.

Andernfalls: Vertritt ein Lehrer z. B. eine pluralistische Sichtweise und interpretiert jede Meditationsstufe aus dieser pluralistischen Sichtweise heraus, werden die Meditationserfahrungen von Menschen mit unterschiedlichen Sichtweisen oft auf eine Weise interpretiert, die für sie wenig Sinn ergibt. Oft wird ihre Erfahrung eines bestimmten meditativen Zustandes für die jeweilige Strukturstufe, auf der sie sich befinden, korrekt sein, aber der Meditationslehrer wird verkünden, dass sie falsch gesehen und verstanden wird, obwohl sie in Wirklichkeit von einer noch höheren Struktur aus erlebt werden könnte, als der Lehrer sie hat – z. B. einer integralen oder super-integralen Stufe.

Dies könnte der spirituellen Entwicklung des Schülers Schaden zufügen und die höheren Bereiche des Buddhismus selbst missverstehen. Dies geschieht viel häufiger, als man sich bewusst ist.

Wie wir später noch untersuchen werden, ist dies besonders häufig bei vielen östlichen Lehrern der Fall, die mit einer sehr hoch entwickelten Zustandsentwicklung – kausal oder nondual – ankommen, aber einer eher schlecht entwickelten Strukturentwicklung, welche oft die mythische Struktursicht der Kultur widerspiegelt, aus der sie stammen.

Wenn sie dann mit ihren Schülern interagieren, von denen die meisten aus der höheren Struktur der pluralistischen Sichtweise kommen, sind die Ergebnisse oft sehr verwirrend. Die Ratschläge der Lehrer, wenn es um Zustände geht, können brillant sein; ihre Ratschläge, wenn es um ihre strukturelle Sichtweise geht, hingegen eher peinlich, da sie homophob, fremdenfeindlich, patriarchalisch, sexistisch, autoritär und streng hierarchisch orientiert sind. Solange nicht sowohl die Strukturen als auch die Zustände berücksichtigt werden, werden die Schüler in dieser völlig verwirrenden Situationen zurückgelassen, und die spirituelle Entwicklung selbst wird oft dysfunktional sein.

2. Sichtweisen und Erlebensdimensionen

Wir haben mehrere kurze Zusammenfassungen der allgemeinen Zustandsstufen von Meditation und Kontemplation, Ost und West, betrachtet – grobstofflich, subtil, kausal, bezeugend, nonduale Einheit. Es bleibt noch, eine kurze Zusammenfassung der grundlegenden Strukturstufen und Sichtweisen von Entwicklung zu geben, insbesondere in Bezug auf Religion oder Spiritualität (vgl. Abb. 2 auf Seite 49).

Zunächst eine kurze Anmerkung zu den beiden Haupttypen des spirituellen Bewusstseins, die dem Menschen zur Verfügung stehen – das auf Strukturen basierende (auch als *spirituelle Intelligenz* bekannt) und das auf Zuständen basierende (auch als *spirituelle Erfahrung* bekannt) Bewusstsein. Die spirituelle Erfahrung oder die Zustände einer ersten Person sind das, was wir in Bezug auf die Meditation und ihre wichtigsten Zustandsstufen erörtert haben. Diese sind wichtig, wie wir sagten, weil wir auf diese Weise *Aufwachen* – d. h. wie wir direkte und unmittelbare Erfahrungen der göttlichen Dimensionen der Wirklichkeit machen – ob Naturmystik des grobstofflichen Bereichs, Gottheitsmystik des subtilen Bereichs, formlose Mystik des kausalen Bereichs oder höchste Einheitsmystik des nondualen Bereichs. Dies sind direkte, unmittelbare Erfahrungen des göttlichen Seinsgrundes, wie er in den verschiedenen Zuständen/Bereichen erscheint – vom grobstofflichen zum subtilen zum kausalen zum nondualen.

Die spirituelle Intelligenz hingegen ist weniger erfahrungsorientiert als vielmehr intellektuell oder intelligenzorientiert (sie ist in der Tat eine der multiplen Intelligenzen). Sie orientiert sich an den Werten und Bedeutungen des göttlichen Lebens. Von den Ideen Paul Tillichs bis zu denen von James Fowler ist die spirituelle Intelligenz die Art und Weise, wie Menschen die Frage beantworten: „Was ist es, das für mich letztendlich von Bedeutung ist?"

Für jemanden auf Sprosse 1, archaisch, geht es um Nahrung und Überleben. Für jemanden auf Sprosse 2, magisch, geht es um Sex und emotionales Vergnügen. Für jemanden auf Sprosse 3, magisch-mythisch, geht es um Macht und Sicherheit. Für Sprosse 4, mythische Gruppenzugehörigkeit, geht es um Liebe und konformistische Zugehörigkeit. Für Sprosse 5, rational, geht es um Leistung und Exzellenz. Für Sprosse 6, pluralistisch, sind es Sensibilität und Fürsorge. Für die Sprossen 7 und 8, dem 2. Rang, ist es liebevolle Umarmung und Einbeziehung. Für den 3. Rang ist es reine Selbsttranszendenz und mystisches Einssein – als eine Stufe für Stufe zunehmende Ganzheit. Und denken wir daran, dass eine Person praktisch auf jeder dieser Ebenen oder Strukturen sein kann, während sie sich in praktisch jedem Zustand oder Bereich befindet – als dem dualen Bewusstseinsschwerpunkt der Strukturstufe und der Zustandsstufe oder der Sichtweise und dem Erlebnisbereich.

Spirituelle Intelligenz ist, mit anderen Worten, eine von vielleicht bis zu einem Dutzend multipler Intelligenzen, die der Mensch besitzt. Dazu gehören die kognitive Intelligenz, die emotionale Intelligenz, die moralische Intelligenz, die zwischenmenschliche Intelligenz, die musikalische Intelligenz, die ästhetische Intelligenz, die spirituelle Intelligenz, die intrapersonale Intelligenz, die mathematisch-logische Intelligenz und so weiter.

Auch wenn sich jede dieser Intelligenzen – oder Entwicklungslinien – von den anderen unterscheidet, durchläuft jede von ihnen dieselben grundlegenden Entwicklungsstufen oder Struktursprossen, die wir in Abbildung 2 dargestellt haben. Da diese Entwicklungsebenen (oder Bewusstseinsstufen) für alle verschiedenen Entwicklungslinien gleichermaßen gelten, stellen wir sie oft mit Farben[13] statt mit Namen dar, da ein bestimmter Name in der Regel sehr einschränkend ist, eine bestimmte Farbe aber für jede multiple Intelligenz gelten kann, ohne eine davon zu bevorzugen.

Zusammenfassend lässt sich also sagen, dass jede dieser multiplen Intelligenzen oder Entwicklungslinien selbst aus Bewusstseinsstrukturen besteht und sich in Entwicklungsstrukturstufen entfaltet, die sich durch dieselben grundlegenden farbigen Entwicklungsstufen bewegen, die als die „Höhe" einer bestimmten Struktur bezeichnet werden („Höhe" bedeutet „Entwicklungsgrad"). Die verschiedenen multiplen Intelligenzen oder Entwicklungslinien bewegen sich also alle durch dieselben grundlegenden Entwicklungsstufen, die durch eine farbige Höhe angezeigt werden.

---

13 Anm. d. Übers.: Ken Wilber verwendet für die Ebenenbezeichnungen ein Farbmodell auf der Basis eines Regenbogens, ergänzt um zusätzliche Zwischenfarben wie Bernstein».

Jede dieser Entwicklungsstufen ist in der Integralen Theorie eine Bewusstseinsstufe, die der Yogachara-Sichtweise sehr ähnlich ist, und zwar dass das Bewusstsein selbst kein bestimmtes Ding, kein Prozess und kein Phänomen ist, sondern die Öffnung oder Lichtung, in der verschiedene Dinge, Prozesse und Phänomene erscheinen oder sich manifestieren. Je höher die Bewusstseinsstufe ist, desto größer ist die Anzahl und die Art der Phänomene, die auf dieser Stufe auftreten können, (also größeres Bewusstsein, größere Liebe, größere moralische Fähigkeit, größere Kreativität, größere spirituelle Einbeziehung, größere Ausdehnung der Werte, größere Fähigkeit zur emotionalen Intelligenz und so weiter, was für alle gründlich und empirisch getestet und für wahr befunden wurden).

Diese grundlegenden Entwicklungsstufen (und ihre zugehörigen Farben) sind in den Abbildungen 4a und 4b dargestellt, zusammen mit mehr als einem halben Dutzend wichtiger Entwicklungslinien (einschließlich kognitiver Intelligenz, Werteintelligenz, Selbstidentität, Weltanschauungen, spiritueller Intelligenz und Bedürfnisse).

Das schematische Diagramm des Weges durch die Hauptzustände wurde rechts in Abbildung 4b eingefügt, um zu verdeutlichen, dass praktisch jedes seiner Zustandsstadien von praktisch jeder der Strukturebenen in jeder der Linien erlebt werden kann. Da die spirituelle Intelligenz eine der multiplen Intelligenzen oder Entwicklungslinien ist – und da sie für unser heutiges Thema von direkter Bedeutung ist – werde ich die Hauptstufen der spirituellen Intelligenz etwas ausführlicher durchgehen, so wie wir einige der wichtigsten meditativen Zustände der spirituellen Erfahrung durchlaufen haben, und ich werde sie mit Fowlers Pionierarbeit in Beziehung setzen und auch dafür verwenden, um einige der allgemeinen Charakteristika jeder der Hauptentwicklungsstufen selbst zu beschreiben.

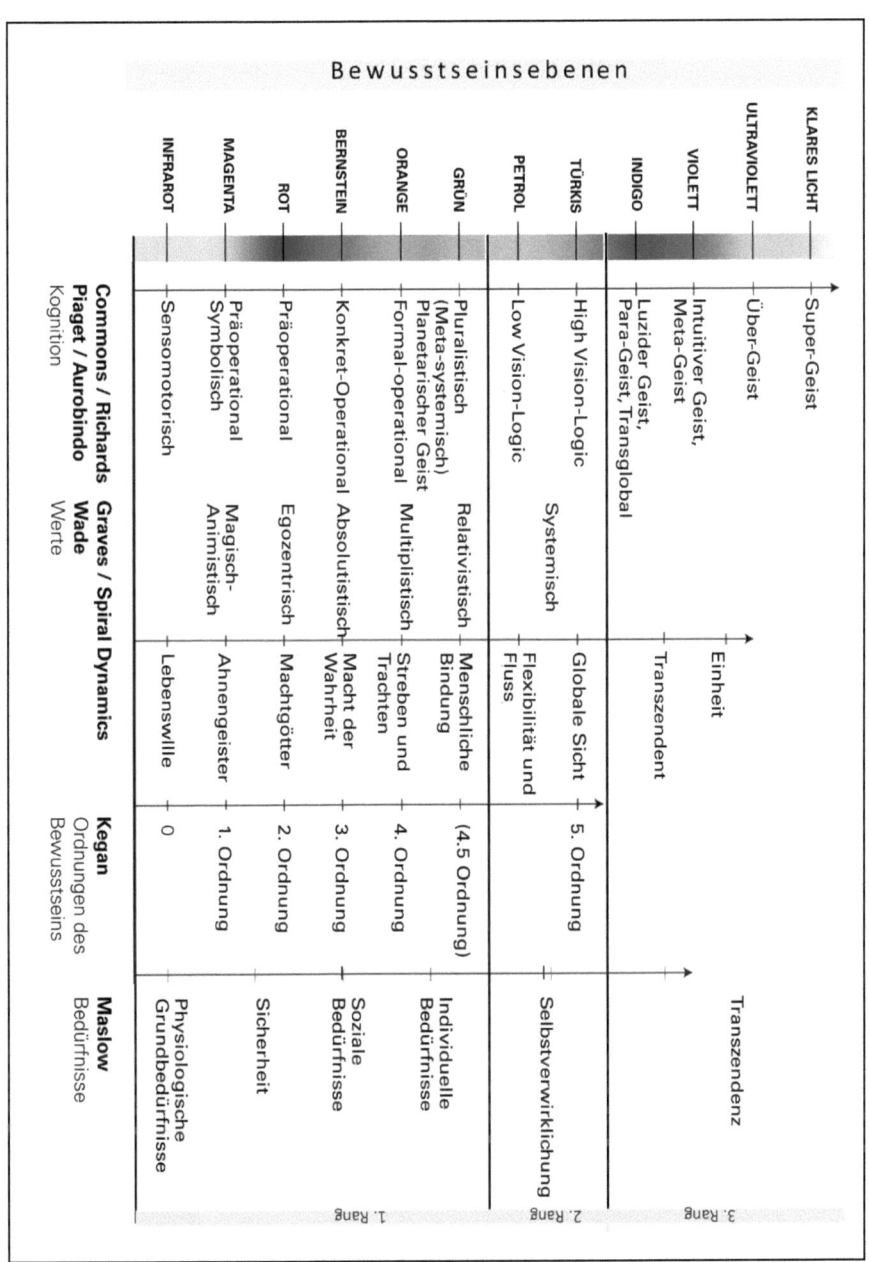

Abb. 4a   Hauptentwicklungsstufen

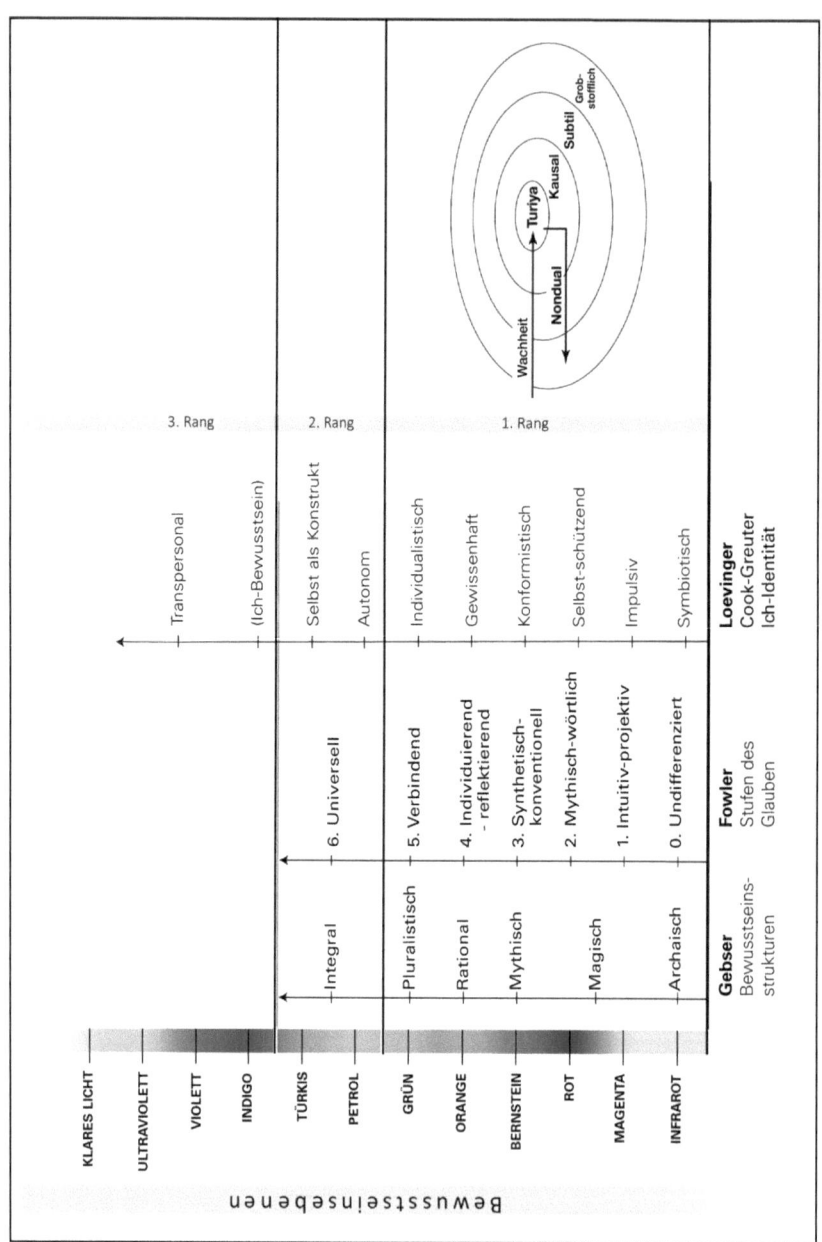

Abb. 4b Hauptentwicklungstufen und Zustandsbereich

3. Spirituelle Intelligenz

Hier also Einzelheiten zu den verschiedenen Sichtweisen der Strukturstufen, insbesondere in Bezug auf die Sichtweisen der spirituellen Intelligenz. Vieles davon stimmt mit James Fowlers monumentalem Pionierwerk *Stufen des Glaubens* überein. Die Menschheit weiß seit Hunderten, ja Tausenden von Jahren, dass Spiritualität oder religiöse Orientierung von Bewusstseinszuständen und Zustandsstufen abhängt. Aber Fowler war einer der ersten, der mit fundierten Beweisen und Forschungsergebnissen nachwies, dass die spirituelle Orientierung eines Menschen auch von strukturellen Entwicklungsstadien abhängt. Dabei handelte es sich natürlich um Variationen der standardmäßigen, allgemeinen Entwicklungsstufen – deren Sichtweisen wir als archaisch, magisch, mythisch, rational, pluralistisch und integral bezeichnet haben. Aber seine eigentliche Forschung und der Bereich der Daten, die sich speziell auf die spirituelle Entwicklung beziehen, machten seine Bemühungen so bahnbrechend. Nachdem ich einige Details aus einigen der wichtigeren Strukturstufen genannt habe, werde ich spezifische Beispiele für den Buddhismus in jeder Stufe anführen.

Die *magische* Sichtweise oder magentafarbene Strukturstufe bezeichnete Fowler als „intuitiv-projektiv". Sie konzentriert sich auf Sicherheit, Geborgenheit und Überleben sowie auf magische Zaubersprüche, die das Überleben sichern und böse Geister abwehren sollen. Diese Stufe ist sehr anthropomorph und abergläubisch. Fantasiedenken ist weit verbreitet; ein solches Denken setzt Ganzes und Teile gleich und verwechselt sie; und es setzt alle Ganzheiten mit ähnlichen Teilen gleich (die Grundlage von Vorurteilen – wenn z. B. ein dunkelhäutiger Mensch gefährlich ist, sind alle dunkelhäutigen Menschen gefährlich). In dieser Sichtweise unterscheidet sich das Bild eines Objekts nicht klar vom realen Objekt (wenn man z. B. eine Stecknadel in eine Spielzeugpuppe steckt, die eine Person darstellt, wird der realen Person etwas Schlimmes zustoßen). Die Ahnenverehrung wird allmählich üblich und ist oft die Ursache von Bittgebeten. Märchen und Legenden unterstützen die Bindung der Gemeinschaft. Die Grundstufe der magischen Sichtweise (impulsiv, fantasievoll, emotional-sexuell) ist eine 1. Person-Perspektive, so dass das Individuum mehr mit seinem eigenen Heil beschäftigt ist als mit dem anderer.

Die *magisch-mythische* Sichtweise, oder rote Strukturstufe, nennt Fowler „mythisch-wortwörtlich". Magie und Mythos unterscheiden sich hinsichtlich der Quelle der „Wunderkraft". In der Magie ist es die eigene Person – ich tanze einen Regentanz, und die Natur reagiert mit Regen. Im Mythischen hingegen hat das Ich die Illusion aufgegeben, dass es auf wundersame Weise in die Natur und die Geschichte eingreifen und sie verändern kann; wenn es aber keine Wunder mehr vollbringen kann, dann kann es Gott (oder eine Göttin oder ein anderes übernatürliches Wesen).

Dieses magisch-mythische Stadium markiert den Übergang von einem zuvor allmächtigen und magischen Selbst zu einem allmächtigen und magischen Gott oder Göttern (die selbst mythisch sind; daher magisch-mythisch) – ein Stadium, das Spiral Dynamics[14] „Machtgötter" nennt. Damit einher geht die Betonung von und der Glaube an Wunder. Ich kann sie nicht vollbringen, aber Gott kann es, und wenn ich mich Gott rituell auf eine Weise nähere, die ihm gefällt, dann wird er (oder sie) ein Wunder für mich vollbringen. Es entwickeln sich mythische Erzählungen, und man glaubt, dass magische Beschwörungen uns in die richtige Beziehung zur Gottheit bringen, die dann eher in die Natur und die Geschichte zu unseren Gunsten eingreifen wird. Die grundlegende Sprosse, die diese Sichtweise stützt – den begrifflichen, repräsentativen, vitalen Geist –, ist immer noch weitgehend auf die Perspektive einer 1. Person beschränkt, und so ist narzisstische Macht ein Hauptanliegen (sowohl in einem selbst als auch in der Gottheit – „Machtgötter"). Gott ist mächtig, zornig, rachsüchtig. Dies ist immer noch abergläubisch, egozentrisch und animistisch durchdrungen.

Die *mythische* Sichtweise oder Bernsteinstruktur-Stufe nennt Fowler „synthetisch-konventionell", „konventionell" deshalb, weil die grundlegende Struktur-Stufe die Rolle des Anderen einnehmen kann – sie kann eine Perspektive einer 2. Person einnehmen – und daher wechselt die Sichtweise von egozentrisch zu ethnozentrisch, und die eigene Identität erweitert sich vom individuellen Selbst zur

---

14 Anm. d. Übers.: Ken Wilber bezieht sich auf das gleichnamige Buch von Don Edward Beck und Christopher C. Cowan.

Gruppe – dem Clan, dem Stamm, der Religion, der Gemeinschaft, der Nation.

Auch die Moral verlagert sich von egozentrisch zu stark konformistisch – „mein Land; meine Religion; meine Gruppe". Es werden klare Grenzen zwischen „uns" und „denen" gezogen, und religiös gesehen ist meine Gruppe Gottes „auserwähltes Volk". Mein Leben wird dem Dschihad gewidmet, unter welchem Namen auch immer, oder dem Wunsch, Ungläubige entweder zu bekehren oder zu töten. Das Töten von Ungläubigen ist keine Sünde, es ist eine religiöse Beförderung.

Es besteht ein starker Wunsch, Gottes Wahrheit zu verstehen, die oft in einem Buch enthalten zu sein glaubt (die Bibel, der Koran, das Sutra vom Reinen Land, Maos Kleines Rotes Buch), bei dem es sich oft um eine mythische Erzählung handelt, die als absolut und wortwörtlich wahr angenommen wird (Elias ist wirklich zu Lebzeiten in einem Wagen in den Himmel aufgestiegen; Gott hat wirklich Heuschrecken auf die Ägypter regnen lassen und alle ihre erstgeborenen Männer getötet; Lao Tzu war wirklich 900 Jahre alt, als er geboren wurde usw.). Diejenigen, die an Gottes Wort glauben, sind für den Himmel bestimmt, diejenigen, die es nicht tun, für das ewige Höllenfeuer.

Der konkrete operationale bzw. Regel/Rollen-Geist, der diese Sichtweise stützt, legt großen Wert sowohl auf die Regeln als auch die eigenen Rollen, die strikt befolgt werden müssen. Das Brechen der Regeln oder die Verletzung der Rollen kann zur Verdammnis führen (oder zur Exkommunikation, wenn dieses Stadium institutionalisiert ist). Strenge soziale und religiöse Hierarchien sind weit verbreitet, z. B. das Kastensystem oder die Kirche. Denjenigen, die einer auserwählten Gruppe angehören, werden Liebe und Mitgefühl empfohlen, da sie alle Gottes auserwählte Kinder sind. Für diejenigen, die sich außerhalb der Gruppe befinden, sind Bekehrung, Folter oder Mord nur einige der Möglichkeiten. Bei gemäßigteren Gläubigen sind Wohltätigkeiten und gute Werke üblich, da implizit davon ausgegangen wird, dass die Empfänger zumindest potenzielle Bekehrte der ausgewählten Gruppe sind.

Die *modern-rationale* Sichtweise oder orangefarbene Strukturstufe nennt Fowler „individuativ-reflektiv", „reflektiv" deshalb, weil die grundlegende Stufe der formalen Operationalität eine Perspektive der 3. Person hinzugefügt hat, von der aus ein Individuum einen reflektierteren, objektiveren, kritischeren, ja sogar skeptischeren Blick auf seine Erfahrungen und Überzeugungen einnehmen kann. „Rational" als allgemeine Bezeichnung dieser Sichtweise bedeutet nicht trocken, abstrakt, distanziert, bösartig analytisch oder ähnliches. Vielmehr bedeutet es, dass sie Welten von Möglichkeiten verstehen kann – „was wäre wenn" und „als ob" – und damit beginnt, nicht nur die wörtliche Wahrheit mythischer religiöser Überzeugungen in Frage zu stellen, sondern sie stattdessen mit mehr symbolischen und metaphorischen Bedeutungen zu lesen. Überzeugungen beruhen in der Regel auf Beweisen und universeller Vernunft. Alle Menschen werden fair behandelt, unabhängig von Rasse, Hautfarbe, Geschlecht oder Glaubensbekenntnis.

Was die spirituelle Intelligenz betrifft, so können ein Atheist, ein Agnostiker und ein religiös Gläubiger alle auf der rationalen Stufe stehen, solange sie ihre Schlussfolgerungen durch Logik, Beweise und reflexive Überlegungen erreicht haben, einschließlich der vollkommen logischen Schlussfolgerung, dass Logik allein nicht notwendigerweise die einzige Form des Wissens ist und andere, intuitivere Formen die gleiche Beachtung verdienen.

Als Thomas Jefferson auf den Stufen des Weißen Hauses saß und seine Bibel wütend mit einer Schere zerschnitt, ließ er die Abschnitte stehen, die diese Tests bestanden, und verwarf die anderen. Wenn Bischof Shelby Spong, ein bekannter christlicher Theologe, im Wesentlichen dasselbe mit seiner Bibel tut, und seine religiösen Überzeugungen daraufhin überprüft, inwieweit sie auf Vernunft und Beweisen beruhen und nicht auf kindlichen Mythen, kommt er dabei als starker und hingebungsvoller Gläubiger an das Wesentliche des christlichen Glaubens, wie es durch die rationalen und pluralistischen Sichtweisen gesehen wird.

Der Buddhismus war von Anfang an zumindest eine rationale Sichtweise, die sich nicht auf Dogmen, Autoritäten oder bloßen Glauben stützte – und wenig oder gar keine mythologischen Götter und Göttinnen enthielt –, sondern sich stattdessen direkt auf die eigene Erfahrung und Vernunft stützte (obwohl nicht alle Anhänger diesen Ansprüchen gerecht wurden, wie wir noch sehen werden).

Die *postmodern-pluralistische* Sichtweise oder grüne Struktur-stufe bezeichnet Fowler als „verbindend". Getragen von der grund-legenden Strukturstufe des pluralistischen Geistes, widmet sie sich der Einnahme möglichst vieler Perspektiven (ein Bestreben, das auf der nächsten Stufe, der holistisch-integralen, eine echte Ver-wirklichung findet). In Verbindung mit der Tatsache, dass diese Stufe nur einen Schritt vom echten Holismus des 2. Rangs entfernt ist, ist diese Sichtweise zutiefst an Ganzheitlichkeit, Versöhnung und Nicht-Ausgrenzung interessiert. Es gibt nicht nur eine passive Tole-ranz gegenüber anderen Religionen, sondern oft auch eine aktive Umarmung.

Diese Sichtweise duldet nicht nur andere Sichtweisen, sondern versucht oft konkret, sie zu verstehen und in ihre eigene Weltan-schauung einzubinden. Sie wird in diesem Ansatz letztlich durch die Tatsache behindert, dass sie immer noch dem 1. Rang angehört und daher immer noch glaubt, dass die pluralistische Haltung selbst die einzig wahre Haltung ist, die es gibt. Das ist allerdings ein Wider-spruch, mit dem die Postmoderne nie angemessen umgehen konnte, da sie glaubt, dass ihre Sichtweise in einer Welt, in der nichts über-legen sein soll, überlegen ist.

Aber mit dieser „fast integralen" oder „halb integralen" Haltung, wenn man so will, sieht die pluralistische Sicht wichtige Wahr-heiten in allen Religionen, auch wenn sie sich in ihrer eigenen am wohlsten fühlt, und oft versucht, Aspekte anderer Religionen in ihre eigene zu integrieren. Sie dekonstruiert traditionelle Hierarchien, setzt sich nachdrücklich für die Unterdrückten und Benachteiligten ein, hat eine ausgeprägte globale und ökologische Sensibilität, ist besonders offen für Naturmystik und GEIST aus der Perspektive einer 3. Person als das große Netz des Lebens und der Geschichte des ganzen Universums. Sie ist sozial engagiert, unterstützt aktiv die Rechte von Minderheiten und setzt sich für Nachhaltigkeit in allen Lebensbereichen ein.

Dies ist eine relativ neue Sichtweise, deren tragende Grund-struktur des pluralistischen Geistes sich in nennenswertem Umfang erst während der Studentenrevolutionen der 60er Jahre entwickelt hat, die ihrerseits weitgehend von dieser Stufe getragen wurden. Eine Person auf dieser Stufe der spirituellen Intelligenz kann theistisch, nicht-theistisch, atheistisch, agnostisch oder seltsame Kombinationen davon sein, solange Schlussfolgerungen gezogen werden, die für diese Entwicklungsstufe typisch sind.

Eines ihrer bemerkenswertesten Merkmale ist die Ablehnung und Verurteilung jeder Form von Hierarchie. Dabei wird nicht unterschieden zwischen Herrscherhierarchien – die in der Tat abscheulich sind – und Verwirklichungshierarchien, welche die Form der meisten Wachstumsprozesse in der Natur, einschließlich des Menschen, sind). In Herrscherhierarchien beherrschen und unterdrücken mit jeder höheren Stufe die Wenigen die Vielen. In Wachstumshierarchien schließt jede höhere Ebene immer mehr mit ein.

Eine zentrale Wachstumshierarchie in der Natur ist zum Beispiel die von Atomen, Molekülen, Zellen und Organismen. In dieser Hierarchie schließt jede höhere Ebene buchstäblich die niedrigere ein und umarmt sie – sie unterdrückt sie nicht (Moleküle unterdrücken keine Atome – wenn überhaupt, dann lieben und umarmen sie sie).

Der am häufigsten verwendete Beleg einer Verurteilung jeglicher Hierarchie ist Carol Gilligans Buch *Die andere Stimme,* in dem sie argumentiert, dass Männer und Frauen unterschiedlich denken – Männer betonen Rechte, Gerechtigkeit, Autonomie und Hierarchie, und Frauen denken eher in Beziehungsfragen, Fürsorge, Gemeinschaft und Nicht-Hierarchie. Viele Feministinnen gingen davon aus, dass das meiste Schlechte in der Welt patriarchalisch ist, dass Herrscherhierarchien schlecht sind und dass alle Männer hierarchisch denken, so dass alle Hierarchien schlecht sind.

Aber Gilligan weist in ihrem Buch noch auf einen zweiten Punkt hin, der eifrig übersehen wird. Obwohl Männer vielleicht hierarchisch und Frauen nicht hierarchisch denken, durchlaufen Männer und Frauen dieselben vier hierarchischen Stufen. Bei Frauen nannte Gilligan diese Stadien egozentrisch, fürsorglich (wobei sich die Fürsorge von der Sorge um sich selbst auf die Gruppe ausweitet, also ethnozentrisch ist), universelle Fürsorge (alle Völker, also weltzentrisch) und integriert (wo sowohl Männer als auch Frauen den gegengeschlechtlichen Modus integrieren).

Mit anderen Worten: Das nichthierarchische Denken der Frauen entwickelt sich über vier hierarchische Stufen – und das ist, mit anderen Worten, eine Wachstumshierarchie. Indem Feministinnen

70

alle Hierarchien streichen, erschweren sie das gesamte Wachstum der Frauen. Das ist ein sehr unglücklicher Schachzug, um es gelinde auszudrücken.

Doch das ist das, was die pluralistische Sichtweise tut – sie verflacht Hierarchien. Indem die Postmoderne alle Herrscherhierarchien heroisch dekonstruiert, dekonstruiert und zerstört sie auf schlimme Weise auch alle Wachstumshierarchien – eine kulturelle und geistige Katastrophe. Aber die Leugnung aller Hierarchien oder Rangordnungen ist einer der sichersten Indikatoren dafür, dass man es mit einer pluralistischen Entwicklungsstufe zu tun hat.

Die nächste Stufe – die *Integrale* Sicht (blaugrüne und türkise Entwicklungshöhe) –, die Fowler als „Universalisierung" bezeichnet, bringt uns an die Spitze der heutigen Evolution, zumindest was die Strukturen betrifft. Obwohl es schon seltene integrale Pioniere vor Eintausend oder mehr Jahren gab, befanden sich erst in den 1970er Jahren mehr als 1 % der Bevölkerung auf dem 2. Rang, und zur Jahrtausendwende mehr als 5 %, also erst vor etwa zwei Jahrzehnten.

Wo immer der 2. Rang auftaucht, gibt es ein Bedürfnis, verbindende Muster zu finden, die Einheit unter und in der Vielfalt und Vielheit, die Ganzheit, die mit jeder Teilhaftigkeit einhergeht. Das Auftauchen des integralen Modus – schon bei den heutigen 5 %, ganz zu schweigen von den prophezeiten baldigen 10 % – ist ein monumentaler Wendepunkt in der Evolution selbst, dessen Auswirkungen gar nicht hoch genug eingeschätzt werden können.

Erinnern wir uns an einige der Merkmale der integralen Stufen – Stufen 7 und 8, unterstützt durch niedrige und hohe Schaulogik[15] (oder petrol und türkis) –, was bedeutet, Ganzheiten, Zusammenhänge und Einheit-in-Vielfalt zu erkennen.

Im Unterschied zur Sichtweise aller Stufen des 1. Rangs, die glauben, dass ihre Wahrheiten und Werte die einzig wahren Wahrheiten und Werte sind, die es gibt, anerkennen die Stufen des 2. Rangs die wichtigen Beiträge, die von allen vorherigen Stufen und Sichtweisen geleistet wurden. Jede untergeordnete Stufe wird

---

15 Anm. d. Übers.: „Schaulogik" ist ein zwar üblicher, aber u. E. nicht ganz glücklich übersetzter Begriff des amerikanischen „Vision-Logic". Gemeint ist eine Bewusstseinsentwicklungsstufe, die eine ganzheitlichere, integrative, multidimensionale Sichtweise darstellt, in der auch Meta-Perspektiven eingenommen werden können, in denen man seine eigene Denkweise reflektieren kann.

zu einem Bestandteil oder Subholon der jeweils nachfolgenden höheren Stufe, da jede Evolutionsstufe ihre Vorgänger transzendiert und umfasst.

Ein ganzes Proton wird zu einem Teil eines Atoms; ein ganzes Atom wird zu einem Teil eines Moleküls; ein ganzes Molekül wird zu einem Teil einer Zelle; eine ganze Zelle wird zu einem Teil eines ganzen Organismus. Jede Stufe ist ein Ganzes/Teil oder Holon, und die daraus resultierende verschachtelte Hierarchie ist eigentliche eine Wachstumsholarchie. Die integralen Stufen erkennen dies intuitiv und sehen daher die Bedeutung jeder vorangegangenen Entwicklungsstufe, nicht nur im Menschen, sondern im gesamten Kosmos, zurück bis zum Urknall. Die integrale Sichtweise sieht sich selbst als untrennbar mit dem gesamten Universum verwoben – als ein miteinander verbundener, nahtloser, vitaler, lebendiger, schöpferischer und bewusster Kosmos, und der evolutionäre Antrieb zu immer höheren Ganzheiten ist dieselbe Kraft, die Säugetiere aus Staub und das Integrale aus dem Archaischen hervorbrachte – ein grundlegender, dem Kosmos innewohnender Antrieb, den Whitehead „den schöpferischen Vorstoß in die Neuheit" nannte (und die integrale Theorie „Eros" nennt).

Die integralen Ebenen sind kreativ und höchst bewusst; jeder Moment ist neu, frisch, spontan und lebendig. Dies ist die erste Stufe, wo es darum geht, Wissen und Fühlen, Bewusstsein und Sein, Epistemologie und Ontologie zu integrieren und sie nicht voneinander zu trennen und dann zu versuchen, das eine im anderen zu „(be)gründen", sondern sie vielmehr als komplementäre Aspekte des nahtlosen Ganzen der Wirklichkeit zu sehen und zu fühlen, die nicht durch entkörperlichte Reflexion oder Repräsentation, sondern durch eine verkörperte gegenseitige Resonanz innerhalb aller vier Quadranten wirkt.

Im Gegensatz zur vorherigen Sichtweise ist die integrale Sichtweise also wirklich ganzheitlich, nicht im Sinn eines New-Age, sondern als ein Beweis für einen tief verwobenen, miteinander verbundenen und bewussten Kosmos. Die pluralistische Sichtweise, so haben wir gesehen, möchte ganzheitlich und allumfassend und nicht ausgrenzend sein, aber sie verabscheut die moderne rationale Sichtweise, kann die traditionelle mythische Sichtweise absolut nicht ertragen und wird wütend, wenn sie mit einer wirklich integralen Sichtweise konfrontiert wird.

Die integralen Stufen hingegen sind wirklich und wahrhaftig inklusiv. Erstens sind alle vorangegangenen Strukturstufen buchstäblich als Bestandteile in der integralen Strukturstufe und ihrer Schaulogik enthalten, eine Tatsache, die auf dieser Stufe intuitiv erkannt wird. Vorhergehende Sichtweisen werden natürlich negiert. Jemand mit einer integralen Sichtweise hat nicht ebenso eine magische Sichtweise, eine mythische Sichtweise, eine rationale Sichtweise und so weiter. Das ist per Definition unmöglich. Eine Sichtweise wird erzeugt, wenn sich der Bewusstseinsschwerpunkt *ausschließlich* mit einer bestimmten Entwicklungsstufe identifiziert. Jemand, der sich in einer rationalen Sichtweise befindet, identifiziert sich ausschließlich mit der entsprechenden Stufe in diesem Stadium, d. h. mit der formalen Rationalität. Um z. B. direkten Zugang zu einer magischen Sichtweise zu haben, d. h. der Sichtweise der Welt, bei der man *sich ausschließlich* mit der impulsiven oder emotional-sexuellen Stufe *identifiziert*, müsste das Individuum die Rationalität aufgeben, das konkrete Denken aufgeben, das gegenständliche Denken aufgeben, die Sprache selbst aufgeben und sich vollständig auf das impulsive Denken zurückentwickeln (was nicht ohne schwere Hirnschädigungen geschehen wird).

Die rationale Person hat immer noch vollständigen Zugang zur emotional-sexuellen *Stufe,* aber nicht zu der ausschließlichen *Sichtweise* von dieser Stufe. Wie wir gesehen haben, werden Stufen einbezogen, Sichtweisen werden jedoch negiert – genau wie auf einer Leiter – wenn man beispielsweise auf der 7. Stufe einer Leiter steht, sind alle vorherigen sechs Stufen noch vorhanden und existieren noch, sie halten die 7. Stufe aufrecht; doch während man auf der 7. Stufe steht, kann man nicht direkt sehen, wie die Welt von diesen früheren Stufe aus gesehen aussieht. Diese Sichtweisen verschwinden, wenn man auf eine höhere Stufe gestiegen ist, und so hat man an dieser Position auf der Leiter alle bisherigen Stufen unter sich, aber nur die Sicht von der höchsten Stufe, auf der man steht, in diesem Fall die Sicht der 7. Stufe.

Eine Person, die sich auf der integralen Stufe befindet, hat also nicht direkt, gemäß ihrer eigenen Konstitution, Zugang zu früheren

Sichtweisen (archaisch, magisch, mythisch usw.), aber sie hat Zugang zu allen früheren entsprechenden Stufen (sensomotorisch, emotional-sexuell, konzeptuell, Regel/Rolle usw.). Sie kann daher im Allgemeinen intuitiv erkennen, auf welcher Stufe sich der Bewusstheitsschwerpunkt einer bestimmten Person befindet, so dass sie indirekt in der Lage ist, zu verstehen, welche Sichtweise oder Weltsicht diese Person zum Ausdruck bringt (magisch, mythisch, rational, pluralistisch usw.).

Die Weltsichten einzubeziehen: Damit ist gemeint, dass die integralen Ebenen diese Sichtweisen aktiv tolerieren und ihnen in ihrem eigenen ganzheitlichen Ansatz Raum geben. Sie mögen mit ihnen nicht völlig übereinstimmen (das tun sie in ihrem eigenen Wesen auch nicht, da sie die jüngeren Sichtweisen transzendiert und negiert haben), doch sie verstehen intuitiv die Bedeutung und Wichtigkeit aller Sichtweisen in der sich entfaltenden Bewegung der evolutionären Entwicklung.

Darüber hinaus verstehen sie, dass ein Mensch das Recht hat, bei praktisch jeder Sichtweise anzuhalten, und so wird jede bestimmte Sichtweise für einige Menschen zu einer tatsächlichen Station im Leben, und ihre Werte, Bedürfnisse und Motivationen werden Ausdruck dieser bestimmten Sichtweise im Leben sein. Auf diese Weise wird eine wirklich aufgeklärte, integrative Gesellschaft einen gewissen Raum für traditionelle Werte, moderne Werte, postmoderne Werte usw. schaffen. Jeder Mensch wird „bei Null" geboren, beginnt seine Entwicklung von Sichtweisen auf der untersten Stufe und setzt sie von dort aus fort, so dass jede Gesellschaft aus einer Mischung von Prozentsätzen von Menschen auf unterschiedlichen Höhenstufen und Sichtweisen des Gesamtspektrums besteht.

In den meisten westlichen Ländern zum Beispiel – und das variiert je nachdem, wie man es genau misst – sind im Allgemeinen etwa 10 % der Bevölkerung magisch, 40 % traditionell-mythisch, 40-50 % modern-rational, 20 % postmodern-pluralistisch, 5 % ganzheitlich-integral und weniger als 1 % super-integral. (Die Summe ergibt nicht genau 100%, da es Überschneidungen gibt).

Und doch hat nur eine integrale Sichtweise dieses Verständnis von Inklusivität, was bedeutet, dass die Gesellschaft, während sich die Evolution weiter hin zu integralen Ebenen des Bewusstseins bewegt, für die vielleicht folgenreichste Transformation in ihrer gesamten Geschichte bereit ist – zu einer wirklich *inklusiven* Gesellschaft. So etwas hat es noch nie gegeben, weil es noch nie eine Transformation von einem *Rang* zum nächsten *Rang* gegeben hat.

Alle bisherigen Transformationen waren Stufen-Transformationen. Aber die Transformation von der grünen pluralistischen Stufe zur türkisfarbenen integralen Stufe ist nicht nur eine Stufentransformation, sondern auch und gleichzeitig eine Transformation vom 1. Rang zum 2. Rang – und das ist episch, revolutionär und absolut beispiellos. Es gibt bisher noch keine Beispiele dafür, wie man eine radikal integrative Gesellschaft mit allen Sprossen und allen Sichtweisen aufbaut, in der alle Sichtweisen eine Stimme erhalten, vielleicht unterschiedlich gewichtet, aber dennoch eine Stimme, da jede Entwicklungsstufe zu einer willkommenen Station im Leben wird.

Was Spiritualität und spirituelle Intelligenz betrifft, so bedeutet eine integrale spirituelle Intelligenz nicht, dass alle Religionen zu einer einzigen, universellen Religion verschmolzen werden – genauso wenig wie der internationale Kochstil bedeutet, dass alle Speisen italienisch werden.

Es bedeutet jedoch, dass Individuen auf den integralen Stufen einer spirituellen Intelligenz integrale Versionen ihres eigenen Glaubens fordern werden. Es gibt, was deren Ausgestaltung angeht, unterschiedliche Modelle von Integral – erinnern wir uns daran, dass die Entwicklungsstufen nicht durch ihren spezifischen Inhalt gekennzeichnet sind, sondern durch den Grad der Komplexität des Denkens und den Grad des verfügbaren Bewusstseins. Anders gesagt: sie sind bestimmt durch die Anzahl der Perspektiven, die auf dieser Stufe vorhanden sind. Archaisch bis magisch-mythisch sind Perspektiven einer 1. Person; mythisch fügt eine 2. Person-Perspektive hinzu; rational fügt eine 3. Person-Perspektive hinzu; pluralistisch eine 4. Person-Perspektive; holistisch und integral eine 5. und 6. Person-Perspektive; super-integral eine 7. Person-Perspektive und höher.

Der Punkt ist der, dass innerhalb dieser Grade der Komplexität und des Bewusstseins viele unterschiedliche Modelle möglich sind. Aber alle von ihnen, wenn sie wirklich integral sind, wollen das

Wesentliche der anderen mit einbeziehen, und so tendieren diese Modelle dazu, zu konvergieren. Das ist es, was das integrale AQAL-Modell – das sich auf alle Quadranten, alle Ebenen (alle Linien, alle Zustände, alle Typen) bezieht – zu tun versucht, und wenn man dieses Modell als Rahmen verwendet, wird praktisch jede integrale Spiritualität – ob christlich, buddhistisch, muslimisch, hinduistisch, jüdisch und so weiter – wahrscheinlich mehrere Elemente enthalten, die entweder in ihren eigenen Traditionen zu finden sind oder, wenn nötig, aus anderen Traditionen und menschlichen Disziplinen, einschließlich der Wissenschaften, importiert werden.

Wir werden diese neuen Elemente einer möglichen Vierten Wendung oder integralen Spiritualität/integralen Buddhismus im nächsten Kapitel zusammenfassen.

Ein Beispiel für eine integralere Spiritualität

Was könnte nun zu den bereits existierenden spirituellen Systemen hinzugefügt werden, um sie auf den neuesten Stand zu bringen; um sie inklusiver und integraler zu machen; um den Buddhismus in eine vierte große Umdrehung des Rades der spirituellen Wahrheit oder des Dharma zu bringen; um die Spiritualität mit der modernen und postmodernen Welt kompatibel zu machen, anstatt sie in ihren Peinlichkeiten zu belassen? Immanuel Kant sagte, man erkenne die moderne Welt daran, dass man sich schämen würde, wenn man in einen Raum käme und jemanden beten sähe. Welche Art von Spiritualität wäre *nicht* peinlich? Hier sind einige der vielen möglichen Ergänzungen, die meiner Meinung nach am wichtigsten sind:

Stufen und Sichtweisen

Beginnen wir mit den *Strukturen und Struktur-Entwicklungsstufen* des Bewusstseins – den Leitersprossen und Sichtweisen. Jede integrale Spiritualität würde ihre grundlegenden Lehren in der Sprache jeder der Hauptsichtweisen interpretieren. Es gäbe eine magische Lehre, eine magisch-mythische Lehre, eine mythische Lehre, eine rationale Lehre, eine pluralistische Lehre, eine integrale Lehre und eine super-integrale Lehre.

Für einen umfassenderen Glauben geht es darum, in der frühen Kindheit mit einer magischen Lehre zu beginnen – in der ein Held (ein Heiliger, Weiser oder Adept) der Tradition als Supermann oder Superheld behandelt wird, ähnlich wie jeder Superheld einer beliebigen Zeichentrickserie für Kinder die magische Sichtweise perfekt widerspiegelt – sie können fliegen, über das Wasser gehen, durch Wände sehen, Tote auferwecken. (Damit soll nicht die Botschaft vermittelt werden, dass diese Religion sie im Erwachsenenalter zum Supermann machen wird, sondern nur, dass die Ausübung der Religion viele Vorteile mit sich bringt und ihnen bei vielen der schwierigsten Probleme des Lebens helfen wird).

Wenn das Kind in die frühen Schuljahre hineinwächst, weicht die magische Lehre der magisch-mythischen oder „Machtgötter"-Lehre, die immer noch die im Wesentlichen egozentrische Natur des Denkens widerspiegelt, mit dem zusätzlichen Antrieb und der Verlockung neu aufkommender Machttriebe, die auf „wunderbare" Weise vom Selbst auf mächtige andere verlagert wird. Dadurch eröffnet sich die Dimension des GEISTES hin zu einem großen Du, mit der Lehre, dass es gute Hilfe und Ratschläge von wissenden anderen gibt – von Adepten, Lehrern und Weisen aus der Tradition.

Wenn ein Kind in die späteren Schuljahre und die frühe Adoleszenz eintritt, wechselt das Magisch-Mythische zum Mythischen, das mit seiner gruppenbezogenen und konformistischen Orientierung zum Regel-/Rollenbewusstsein und zur konformistischen Gruppenorientierung passt, die für diese Zeit so charakteristisch sind.

Die späte Adoleszenz und das frühe Erwachsenenalter bringen die entscheidende Umwandlung vom Ethnozentrisch-Mythischen zum weltzentrischen Rationalen mit sich, als die vielleicht wichtigste Umwandlung vor dem 2. Rang. Der Schwerpunkt liegt hier darauf, zu zeigen, dass es mit Hilfe von Vernunft und Beweisen reichlich Unterstützung für eine spirituelle Dimension des Kosmos gibt, insbesondere wenn man die Meditation mit einbezieht. Gründe für eine spirituelle Dimension sind u. a.:

die höchsten Bewusstseinszustände der Menschheit, die einheitlich eine ultimative Realität offenbaren, die in das Gewebe des Universums selbst eingewoben ist; der „schöpferische Vorstoß in die Neuheit", der durch die Evolution selbst demonstriert wird;

- die Hinweise zahlreicher Wissenschaften über die verwobene, verstrickte, ineinandergreifende, miteinander verbundene Natur aller scheinbar getrennten Dinge und Ereignisse; die Präsenz des Bewusstseins als unbestreitbare Realität im gesamten Universum; und – am wichtigsten –
- der experimentelle und injunktive Beweis für die Existenz des GEISTES durch die Befolgung von Paradigmen, Praktiken und Vorbildern, von der Kontemplation bis zum höchsten Yoga – dies ist kein Gott aus einem Glauben, sondern basiert auf direkter persönlicher Erfahrung.

Ein wesentliches Merkmal der rationalen Sichtweise, welches sie für die heutige Welt so wichtig macht, ist die Einführung einer Perspektive der 3. Person, welche eine Religion von einem *ethnozentrischen* „wir gegen sie" zu einem *weltzentrischen* „wir alle" macht, in dem alle Menschen gleich behandelt werden, unabhängig von Rasse, Hautfarbe, Geschlecht oder Glauben.

Ein Hauptziel der rationalen Stufe der spirituellen Intelligenz ist die Entmythologisierung der Tradition, die Reinigung von magischen und mythischen Elementen, die für die Kindheit der Menschheit charakteristisch sind, eine Kindheit, die nicht nur heute, sondern auch vor mehreren tausend Jahren erlebt wurde, als viele der großen Weltreligionen selbst gegründet wurden. Der Geist hat sich weiterentwickelt, und das sollte auch die Spiritualität tun.

Wenn die Entwicklung voranschreitet, weicht im jungen Erwachsenenalter die rationale Sichtweise der pluralistischen Sichtweise, da die weiteren Lebenserfahrungen zeigen, dass es oft viel mehr und andere Perspektiven zu einem Thema gibt, als die monolithische Rationalität vermuten lässt – dass „es mehr Dinge im Himmel und auf der Erde gibt, als man sich in seiner Philosophie träumen lässt". Die pluralistische Stufe dient auch dazu, sicherzustellen, dass der jeweilige Glaube bemüht ist, inklusiv, sozial engagiert, nachhaltig, nicht repressiv und umweltverträglich zu sein. Die Spiritualität der pluralistischen Sichtweise ist politisch sensibel (in der Regel sozial orientiert) und aktiv tolerant (auch wenn sie andere Wertesysteme – mythische, rationale, integrale und so weiter – nicht mag). Sie interessiert sich für alles, was „bewusst" ist, vom bewussten Kapitalismus über bewusstes Altern bis hin zu bewusster Elternschaft; sie ist feministisch, frauenfreundlich und neuerdings auch maskulinistisch; und sie ist beziehungsorientiert („Der neue Buddha wird die Sangha sein").

Auch hier ist es wichtig, sich daran zu erinnern, dass jemand, der sich auf der Stufe der spirituellen Intelligenz in der pluralistischen Sichtweise befindet, völlig atheistisch, theistisch, nicht-theistisch oder agnostisch sein kann, solange er oder sie zu seinen/ihren Schlussfolgerungen aus einem pluralistischen Geist und einer Perspektive der 4. Person kommt.

Heute ist es möglich, vereinfachte integrale Modelle und Landkarten bereits in der Schule einzuführen (und vieles spricht dafür, dies zu tun), aber wenn man die Entwicklung sich selbst überlässt, treten die integralen Stadien in der Regel erst in der frühen Lebensmitte auf. Der Hauptgrund dafür ist einfach die Zeit. Robert Kegan, der bekannte Harvard-Entwicklungsforscher, schätzt, dass es im Durchschnitt etwa 5 Jahre dauert, um eine wichtige Entwicklungsstufe zu durchlaufen. Integrale Stufen, die ungefähr auf der 7. Hauptentwicklungsstufe auftreten, würden also im Allgemeinen im Alter von 35 Jahren eintreten können. Da immer mehr Menschen sich zum Integralen hin entwickeln, finden wir immer mehr Menschen, die in der späten Oberstufe und am Beginn eines Studiums frühe oder proto-integrale Sichtweisen entwickeln.

Wie dem auch sei, die spirituelle Haltung der integralen Sichtweise hat Hauptmerkmale, die ich hier kurz umreiße. Sie möchte vielleicht nicht alle anderen Religionen ganz umfassen, aber sie möchte, dass ihre eigene Religion allumfassend ist, einschließlich der Punkte, die ich jetzt aufzähle, beginnend mit Sprossen und Sichtweisen. Integrale Spiritualität geht davon aus, dass Individuen wachsen und sich durch verschiedene Stadien entwickeln, und das schließt ihre Sichtweise und ihr Verständnis von Spiritualität ein. Die spirituellen Lehren selbst sollten daher angepasst und in der für jede Stufe angemessenen Sprache und Schwierigkeitsstufe präsentiert werden – von magisch über mythisch und rational bis hin zu pluralistisch, integral und super-integral.

Andere Punkte, die eine Integrale Spiritualität beinhalten würde (die ich gleich erläutern werde), sind Bewusstseinszustände (und Zustandsstufen oder Erlebensdimensionen); das duale Zentrum des Schwerpunktes der Gesamtentwicklung (Sichtweise und Erlebnisbereich); Quadranten (oder das 1-2-3 des GEISTES, die unten erklärt werden); wichtige Persönlichkeitstypologien (wie das Enneagramm); und Elemente des Unbewussten und Schattenarbeit. Eine integrale Spiritualität erkennt an, dass das menschliche Bewusstsein sich aus mehreren verschiedenen, aber gleich wichtigen Dimensionen zusammensetzt – wie z. B. eine Ausrichtung nach Hauptperspektiven (oder Quadranten), eine Hauptentwicklungsstufe im Allgemeinen (als Strukturschwerpunkt), einen Hauptzustandsschwerpunkt, einen Hauptpersönlichkeitstyp und verschiedene mehr oder weniger unbewusste Schattenelemente – und dass der GEIST in und durch all diese wirkt.

Eine dieser Dimensionen nicht zu berücksichtigen – nicht einmal in einer vereinfachten oder einführenden Weise – bedeutet, diese Dimension des GEISTES zu ignorieren und dass wir der Welt gegenüber spirituell blind sind. Wir laufen betäubt und verkümmert durch unser Leben, und haben die Kanäle verschüttet, über welche Gott versucht, uns zu erreichen, uns zu berühren, zu uns zu sprechen und uns aufzuwecken. Eine integrale Spiritualität verlangt nicht weniger von uns, als dass wir uns der Materie, dem Körper, dem Geist, der Seele und dem GEIST in uns selbst, in der Kultur und in der Natur spirituell nähern.

Was schließlich die allgemeine spirituelle Intelligenz betrifft – die wir kurz verfolgt haben –, so gibt es auf der anderen Seite an der Spitze der Evolution drei oder vier höhere, zu diesem Zeitpunkt meist potenzielle Entwicklungsstufen, darunter auch Stufen der spirituellen Intelligenz. Individuell werden ihre grundlegenden Struktursprossen als Para-Mind, Meta-Mind, Overmind und Supermind bezeichnet[16]; kollektiv werden sie als 3. Rang bezeichnet. Was alle Strukturen 3. Rangs gemeinsam haben, ist ein gewisses Maß an direkter transpersonaler Identität und Erfahrung. Darüber hinaus steht jede Bewusstseinsstruktur des 3. Rangs in gewisser Weise mit einem bestimmten Bewusstseinzustand in Verbindung (Para-Geist oft mit dem Grobstofflichen, Meta-Geist oft mit dem Subtilen, Über-Geist oft mit dem Kausalen/Bezeugen und Super-Geist mit dem Nondualen, obwohl dies je nach der tatsächlichen Entwicklungshistorie des jeweiligen Individuums variiert). Vorher, beim 1. und 2. Rang, waren Strukturen und Zustände relativ unabhängig.

Man konnte einen Zustandsschwerpunkt im Grobstofflichen haben und sich dennoch strukturell bis zum Integralen entwickeln, ohne den grobstofflichen Zustand vollständig zu objektivieren (d. h. ihn vollständig zu einem Objekt zu machen, und ihn damit vollständig zu transzendieren). Doch beginnend mit dem Para-Geist des 3. Rangs, wann immer du diese Struktur erlebst, verstehst oder erlebst du auch implizit oder intuitiv den grobstofflichen Bereich als objektiviert, was bedeutet, dass dieser Zustand eng mit der Struktur auf dieser Ebene verbunden ist, was zu erweiterten Zuständen wie Naturmystik führt oder führen kann (dies kann auf früheren

---

16 Anm. d. Übers.: Die Begriffe hat Ken Wilber von Sri Aurobindo übernommen.

Ebenen erlebt, jedoch nicht verinnerlicht werden, und wird entsprechend den Sichtweisen jener niedrigeren Ebenen interpretiert; doch auf dieser Ebene wird es zu einem innewohnenden Potenzial). Wegen der Verbindung mit dem grobstofflichen Zustand bringt diese Ebene auch oft Variationen der Erkenntnis mit sich, dass die physische Welt nicht nur physisch, sondern in ihrer wahren Natur eher psychophysisch ist. Dies kann auch kurze Einblicke in höhere Zustände hervorrufen, wie z. B. Zeugenbewusstheit oder sogar nonduale Bewusstheit. Und so geht es weiter mit dem subtilen Zustand und dem Meta-Mind, dem Kausal-/Bezeugen und dem Über-Geist und der nondualen Soheit und dem Super-Mind. Diese Zustände sind alle „minimal" mit diesen Strukturen in dem Sinne verbunden, dass zum Beispiel eine Person im Meta-Geist ihren Schwerpunkt bereits vorher in den subtilen Zustand verlagert haben könnte, doch wenn nicht, kann die Person nicht über den Meta-Geist hinausgehen, ohne dies an diesem Punkt zu tun. Ähnlich verhält es sich mit Kausal/Bezeugen und Über-Geist sowie mit nondualer Soheit und Super-Geist.

Der Unterschied zwischen dem Super-Geist und Big Mind[17] (wenn wir unter Big Mind die Zustandserfahrung des nondualen Seins oder turiyatita verstehen) besteht darin, dass Big Mind praktisch auf jeder der niedrigeren Stufen oder Sprossen, von der magischen bis zur integralen, erfahren oder erkannt werden kann. Tatsächlich kann man sich z. B. auf der pluralistischen Stufe befinden und wesentliche Grunderfahrungen der gesamten Abfolge der Zustandsstufen (grobstofflich zu subtil zu kausal zu Bezeugen zu Nondual) erfahren, obwohl natürlich die gesamte Abfolge, einschließlich des nondualen Seins, in pluralistischen Begriffen interpretiert werden wird. Es ist in vielerlei Hinsicht bedauerlich den Dharma lediglich in pluralistischen Begriffen zu interpretieren (oder in mythischen Begriffen oder in rationalen Begriffen und so weiter), weil es letztlich sehr reduktionistisch ist; aber es geschieht ständig, angesichts der relativen Unabhängigkeit der Zustände und Strukturen auf dem 1. und dem 2. Rang.

---

17 Anm. d. Übers.: Den Begriff „Big Mind" hat Ken Wilber von Genpo Roshi übernommen.

Der Super-Geist hingegen kann als eine grundlegende Struktur-stufe (verbunden mit dem nondualen Sosein) erst erfahren werden, wenn alle vorhergehenden Juniorstufen entstanden und entwickelt sind, und wie bei jeder Strukturentwicklung können die Stufen nicht übersprungen werden. Daher kann der Super-Geist im Gegensatz zum Big Mind erst erfahren werden, nachdem alle Junior-Stufen des 1., 2. und 3. Rangs durchlaufen wurden. Während, wie Genpo Roshi es klar demonstriert hat, die Erfahrung des Big Mind für prak-tisch jeden in fast jedem Alter möglich ist (und entsprechend der Sichtweise der aktuellen Stufe interpretiert wird), ist der Super-Geist eine extrem seltene Erkenntnis. Super-Geist als die bisher höchste Strukturstufe hat Zugang zu allen vorherigen Strukturen, bis zurück zum Archaischen – und das Archaische selbst hat natürlich jede grö-ßere Strukturevolution, die bis zum Urknall zurückreicht, transzen-diert und mit einbezogen und umfasst sie jetzt.

Ein menschliches Wesen umfasst buchstäblich alle wich-tigen transformativen Entfaltungen der gesamten kosmischen Geschichte – Strings, Quarks, subatomare Teilchen, Atome, Mole-küle und Zellen, den ganzen Weg durch den Baum des Lebens bis hin zu seiner jüngsten evolutionären Erscheinung, dem dreifachen Gehirn, als der komplexesten Struktur in der bekannten natürlichen Welt. Super-Geist wird in jedem Individuum als eine Art „Allwissen-heit" erfahren – da der Super-Geist *alle* vorangegangenen Struktur-sprossen transzendiert und einschließt und von Natur aus mit dem höchsten nondualen Seinszustand verbunden ist, hat er volles und vollständiges Wissen über alle Potenziale in dieser Person. Sie „weiß" buchstäblich „alles", zumindest bezogen auf dieses Individuum.

Eine super-integrale Spiritualität hat alle Merkmale einer inte-gralen Spiritualität, plus, neben anderen Dingen, eine inhärente Verbindung jeder Stufe mit einem bestimmten Zustand, was allen ihren Stufen einen transpersonalen oder spirituellen Geschmack verleiht (zumindest die Möglichkeit entweder der grobstofflichen Naturmystik, der subtilen Gottheitsmystik, der kausalen form-losen Mystik oder der nondualen Einheitsmystik). Diese mysti-schen Zustände stehen natürlich praktisch allen unteren Stufen des 1. und 2. Rangs zur Verfügung, obwohl es wahrscheinlich einige signifikante Unterschiede im 3. Rang gibt, angesichts der ihm inne-wohnenden Verbindung von Strukturen und Zuständen.

Der Sinn und Zweck des Verständnisses der verschiedenen Formen von Spiritualität durch die einzelnen Sichtweisen besteht darin, in jeder Tradition *ein Förderband für eine spirituelle Lehre und Praxis* zu schaffen – mit verschiedenen Formen von Lehre und Praxis in den Bereichen Magie, Magisch-Mythisch, Mythisch, Rational, Pluralistisch, Ganzheitlich und Integral (und in der Zukunft zunehmend auch Super-Integral). Dieses Förderband würde einen Menschen in seiner Kindheit abholen und sich mit ihm bei jeder weiteren Stufe und Sichtweise transformieren – (ihm helfen, sich von magisch zu mythisch zu rational zu pluralistisch zu integral zu super-integral zu bewegen). So wie es jetzt ist, stecken die meisten Religionen in einer Form von mythischer Sichtweise fest, während die anderen Intelligenzen als Entwicklungsströme frei sind, sich in rationale, pluralistische, holistische und integrale Sichtweisen (gelegentlich auch höher) zu bewegen. Diese spirituell festgefahrene Entwicklung ist eine kulturelle Katastrophe ersten Ranges.

Die spirituelle Intelligenz ist die einzige der unterschiedlichen Intelligenzen, die sich entwickelt hat, um mit der letztendlichen Wirklichkeit, der letztendlichen Wahrheit und der letztendlichen Güte zu interagieren. Alle anderen Intelligenzen interagieren nur mit der relativen Wahrheit; die spirituelle Intelligenz interagiert mit der absoluten Wahrheit. Sie sollte den anderen Intelligenzen eine oder zwei Stufen voraus sein und als Leitstern für sie alle dienen. Da sie aber auf der mythischen Ebene feststeckt, hinkt sie im Allgemeinen ein oder zwei Stufen hinter den meisten anderen Intelligenzen her, so dass unser Wachstum und unsere Entwicklung durch unsere Sichtweisen über den GEIST selbst behindert werden, als ein unendlich schweres Bleigewicht, das um unseren Hals hängt. Gott selbst bremst unsere Entwicklung (obwohl er sie in Wirklichkeit erst schafft!). Kein Wunder, dass es für die „neuen Atheisten" so einfach ist, sich über die Religion lustig zu machen. In ihrer typischen mythisch-literarischen Form ist sie für Erwachsene in der Tat lächerlich (obwohl sie, wie wir gesehen haben, für ein Kind im Schulalter durchaus angemessen ist).

Strukturen und ihre Sichtweisen sind einer der ersten und wichtigsten Punkte, die jede wirklich neue und umfassende Spiritualität einbeziehen sollte. Strukturen sind die eigentlichen Werkzeuge, mit denen der Geist die Welt sieht, erfährt und interpretiert – einschließlich spiritueller Zustände und meditativer Erfahrungen –, und Strukturen entwickeln sich, wie praktisch alle Komponenten des Geistes (und der Natur). Ein Säugling wird nicht mit einem entwickelten Zugang zu Logik, Rationalität, Schaulogik, dem Para-Geist oder anderen Werkzeugen, Fähigkeiten, Funktionen und Strukturen geboren, die über das Archaische hinausgehen. Wenn diese verschiedenen höheren Fähigkeiten auftauchen, tun sie dies in qualitativ unterschiedlichen Stadien oder Strukturen oder Ebenen oder Wellen der Entwicklung, wobei sie in jedem Strukturstadium eine andere Welt (und andere Bedürfnisse, Motivationen, Weltanschauungen, die Fähigkeit zu Liebe, Fürsorge und Toleranz, moralische Reife, ästhetischen Reichtum, Sinn für Selbstidentität und ein Dutzend anderer Fähigkeiten) miterschaffen.

Strukturen sind eine neue Entdeckung der Menschheit, und als Entdeckung sie sind kaum hundert Jahre alt – zu spät, um in die großen spirituellen Systeme aufgenommen zu werden, von denen die meisten tausend Jahre oder älter sind. Aber da Strukturen bestimmen, wie wir unsere Welt erleben und interpretieren – einschließlich unseres spirituellen Verständnisses und unserer Erfahrung –, nehmen sie einen direkten Einfluss darauf, wie spirituelles Verständnis und spirituelle Erfahrung auf jeder einzelnen Stufe der Entwicklung von unseren geistigen Werkzeugen, Interpretationsfähigkeiten, Strukturen bzw. Basissprossen interpretiert werden.

Es ist nicht übertrieben zu sagen, dass es einen anderen Gott, einen anderen GEIST gibt, der auf jeder dieser Hauptsprossen gesehen, erfahren und verstanden wird – eine andere Stufe, ein anderer Gott (oder ein anderes Dharma, Dogma, Evangelium, eine andere spirituelle Wahrheit). Jede von ihnen ist vollkommen angemessen für die Stufe und die Fähigkeiten der Sprosse, auf der sie auftaucht – und wenn wir sie alle zusammen nehmen, erhalten wir ein Spektrum oder (in einer anschaulicheren Metapher) ein Förderband mit deutlich unterschiedlichen Vorstellungen des GEISTES, bis wir die obersten Grenzen der Evolution des GEISTES an diesem

Punkt der Geschichte und der gesamten menschlichen Entwicklung erreichen (immer in dem Bewusstsein, dass noch höhere spirituelle Entfaltungen nicht nur möglich, sondern wahrscheinlich sind).

Aber die Obergrenze der spirituellen Entwicklung an einem beliebigen Punkt der Geschichte und der Evolution umfasst die Summe aller Strukturen und aller Zustände, die zu diesem Zeitpunkt entstanden sind. Damit wird klar, dass eine voll ausgereifte Spiritualität nicht nur eine ist, bei der wir weitgehend eine vollständige Erleuchtung oder ein *Aufwachen* in unserer Zustandsentwicklung erfahren haben, sondern dass eine solche Erleuchtung nicht auf kindliche oder pubertäre Weise oder Sichtweise erfahren wird, sondern in einer zutiefst *aufgewachsenen* Art und Weise oder Sichtweise, deutlich gereift in die weiseren, perspektivischeren, inklusiveren, toleranteren und integralen Strukturen, die kürzlich entstanden sind und von der Menschheit entdeckt wurden.

Diese neue Version der Erleuchtung (oder vollen Entwicklung) unserer beiden dualen Bewusstseinsschwerpunkte (Sichtweisen der Strukturen und Erlebensdimensionen der Zustände) wird zu einer neuen Messlatte für menschliches Wachstum, Entwicklung und Evolution.

In diesem Zusammenhang möchte ich die Arbeiten eines meiner Schüler, Dustin DiPerna, erwähnen, der selbst auch ein eigenständiger und kreativer Theoretiker ist. In zwei Bänden – *Streams of Wisdom: An Advanced Guide to Integral Spiritual Development* und *Evolution's Alley: Our World's Religious Traditions as Conveyor Belts of Evolution)* hat er es sich zur Aufgabe gemacht, zusätzliche Beweise für einige der Hauptlehren der integralen Spiritualität zu liefern, einschließlich der 4 Hauptaspekte der Entwicklung (Strukturen und Strukturstufen oder Sichtweisen, Zustände und Zustandsstufen oder Erlebensdimensionen). Er verwendet magische, mythische, rationale, pluralistische und integrale Sichtweisen; grobstoffliche, subtile, kausale, bezeugende und nonduale Zustandsbereiche und ihre Erfahrungen; und gibt Beispiele für alle 5 Stufen der Sichtweisen im Christentum, Islam, Hinduismus und Buddhismus.

Da wir uns mit einer möglichen Vierten Wende im Buddhismus befassen, werde ich mich hier auf seine Beispiele konzentrieren und einige meiner eigenen hinzufügen. Der Punkt ist, dass es für jede der großen Sichtweisen der Strukturentwicklung *bereits* große Schulen des Buddhismus *gibt*, die wir diskutiert haben; aber sie werden nicht als Interpretationen des Dharma erkannt, die von verschiedenen Strukturstufen angetrieben werden, sondern werden einfach als verschiedene, manchmal verfeindete Ansichten über eine einzige Ansicht des Buddhadharma betrachtet. Verschiedene Strukturstufen und Sichtweisen ins Bild zu bringen, hilft enorm, etwas zu klären, was *bereits* geschieht (aber nicht verstanden wird).

Der Buddhismus begann als ein rationales System, eine der wenigen Weltreligionen, die dies taten. Und denken wir daran, wie wir „rational" verwenden – es bedeutet nicht trocken, abstrakt, analytisch und entfremdet. Es bedeutet, dass es zumindest zu einer Perspektive der 3. Person fähig ist; es kann also introspektiv über das eigene Bewusstsein und die eigene Erfahrung nachdenken, und diesbezüglich eine kritische und selbstkritische Haltung einnehmen, „Was-wäre-wenn"- und „Als-ob"-Welten verstehen, vom Selbst zurücktreten und eine distanzierte, ungebundene Sichtweise einnehmen. Der Buchtitel *Buddhism: The Rational Religion* sagt alles. Und ich denke, es ist dieser rationale Kern, der den Buddhismus für den modernen Westen so attraktiv macht. Wie viele betont haben, ist der Buddhismus eher eine Psychologie als eine typische Religion. Natürlich legen die meisten buddhistischen Schulen einen zentralen Schwerpunkt auf Zustände, aber wenn es um ihre Interpretation geht, ist sie rational, objektiv und evidenzbasiert.

Natürlich wird niemand auf der rationalen Entwicklungsstufe geboren. Alle Individuen beginnen ihre Entwicklung auf den grundlegenden Sprossen der Entwicklungsleiter mit den Sichtweisen der sensomotorischen und archaischen Stufe, und sie bewegen sich von dort zur magischen, dann zur mythischen, rationalen, pluralistischen, integralen und super-integralen Stufe (oder bis die Entwicklung aufhört). Das bedeutet, dass Individuen auf all diesen Stufen vom Buddhismus angezogen werden können, und im Laufe der Jahrhunderte sind Schulen des Buddhismus entstanden, die auf jeder dieser Stufen basieren.

Melford Spiro hat in seinem Werk *Buddhism and Society* den burmesischen Theravada in drei Gruppen unterteilt, die fast genau den Begriffen Magie, Mythos und Rationalität entsprechen. Die erste

Gruppe, die er als apotropäischen Buddhismus bezeichnet, befasst sich in erster Linie mit dem Schutz vor bösen Geistern, wobei Gegenstände sowie magische Zaubersprüche und Beschwörungen verwendet werden. Dies ist reine Magie. Dustin fügt die wörtlichen Versionen einiger Schulen des Reinen Landes hinzu, bei denen die einmalige Wiederholung von Buddhas Namen die Wiedergeburt in einem Himmel des Reinen Landes garantiert.

Spiros zweite Gruppe bezeichnet er als kammatischen Buddhismus, der sich darauf konzentriert, Verdienste für eine zukünftige Wiedergeburt zu erzeugen. Dies ist eine typisch mythische Sichtweise mit einigen magischen Elementen. Dustin verweist auf die ethnozentrische Kriegsführung der singhalesischen Buddhisten, die in Sri Lanka kämpfen. Sie weisen alle die von Marty und Appleby so genannten „Familienähnlichkeiten" mythisch-literarischer Fundamentalisten auf – ein starkes Gefühl religiöser Identität (ein „wahrer Gläubiger"), strenge soziale Grenzen (wir gegen sie), Vertrauen in den Mythos und so weiter. Singhalesische Buddhisten sehen sich selbst als „Eigentümer und Beschützer der buddhistischen Lehren"; sie betrachten Sri Lanka als die Heimat des wahren Dharma; sie beanspruchen die Kontrolle über die Reinheit und die richtige Version des Dharma; und sie sind „ethnische Chauvinisten" im ständigen Krieg (ein heiliger Krieg) mit tamilischen Hindus, dem Feind der Wahrheit. Dies ist in der Tat eine fast rein ethnozentrische und absolutistische mythische Bühne.

Spiros dritte Gruppe bezeichnet er als nibbanischen Buddhismus – sie ist daran interessiert, das Nirvana durch Zustandsverwirklichung zu erreichen, wie sie im Theravada beschrieben wird. Dieser rationale Buddhismus (einschließlich seiner Betonung der Zustände) ist, wie wir bereits festgestellt haben, wahrscheinlich das, was der ursprünglichen Lehre Gautama Buddhas am nächsten kommt. Die rationale Natur des frühen Buddhismus bedeutete auch, dass er nicht ethnozentrisch war, wie es der Mythos ist, sondern weltzentrisch (was bedeutet, dass alle Menschen nicht als Mitglieder einer „In-Gruppe" oder einer „Out-Gruppe" behandelt werden, sondern gleichberechtigt, unabhängig von Rasse, Hautfarbe, Geschlecht oder Glauben). Daher öffnete sich der frühe Buddhismus für die Unberührbaren, die normalerweise von anderen

Religionen ausgeschlossen waren. Dies war ein wichtiger Faktor für die schnelle Verbreitung des Buddhismus in Indien.

Dustin fügt D. T. Suzuki hinzu, den berühmten japanischen Zen-Autor, der wahrscheinlich am meisten dazu beigetragen hat, den Westen mit dem Zen-Buddhismus bekannt zu machen. Der Historiker Lynn White sagte einmal, dass die Übersetzung von D. T. Suzukis *Essays in Zen Buddhism* ins Englische der Übersetzung der lateinischen Bibel ins Englische gleichkommt. In mehr als einem Dutzend Büchern erklärte Suzuki geduldig und rational den nicht-rationalen Kern des Zen, und er tat dies auf brillante Weise.

Die pluralistische Sichtweise ist durch ein tiefes soziales Anliegen und ein starkes Streben nach sozialer Gerechtigkeit gekennzeichnet; sie ist egalitär und antihierarchisch; sie befasst sich ernsthaft mit Umwelt- und Ökologiefragen; sie plädiert für Nachhaltigkeit und erneuerbare Energien; sie spielt jede Art von Rangordnung herunter; sie ist antipatriarchalisch und kriegsgegnerisch; sie ist pro-feministisch; und sie ist zutiefst gesellschaftlich engagiert. Dies ist, mit anderen Worten, die Standardform des Buddhismus in der westlichen Welt. Dustin nennt den sozial engagierten Buddhismus als ein Paradebeispiel.

Wie ich bereits erwähnt habe, führte dies zu allen möglichen Schwierigkeiten als die erste Welle von Lehrern aus dem Osten in den 1960er und 1970er Jahren in den Westen kamen. Die meisten von ihnen kamen aus mythischen Kulturen und ethnozentrischen Hintergründen; dementsprechend waren sie oft extrem autoritär, sehr hierarchisch, oft patriarchalisch und damit sexistisch, meist fremdenfeindlich und oft homophob. Sie waren daran gewöhnt, dass Lehrer eine unangefochtene Autoritätsposition innehatten, und verhielten sich auch so. Sie waren es nicht gewohnt, in der Atmosphäre radikaler sexueller Offenheit, Freiheit und Lockerheit ihrer Schüler zu agieren, die dennoch eine radikale Reinheit von den Lehrern erwarteten (von denen die meisten diese Standards in auffälliger Weise nicht erfüllten).

Diese mythischen oder allenfalls rationalen Lehrer trafen auf Schüler, die größtenteils pluralistisch waren, und es kam zu einem tiefgreifenden Konflikt zwischen den Sichtweisen. Dies wurde durch die Tatsache verkompliziert, dass die Lehrer, obwohl sie in

89

der Strukturentwicklung und in ihrer Sichtweise oft hinter ihren Schülern zurückblieben, in Bezug auf ihre Entwicklung durch die Bewusstheitszustände massiv weiter entwickelt waren als ihre Schüler, viele waren auf kausalen oder nondualen Zustandsbereichen. Dies löste bei den Schülern tiefe Verwirrung aus, da sie nicht erkennen konnten, ob der Rat eines Lehrers von einer veralteten mythischen Sichtweise oder von einem wirklich fortgeschrittenen Standpunkt aus kam. „Wie kann er so viel über höhere Zustände wissen und dennoch so homophob sein? Wie kann er so sehr zu einer alles ausgleichenden Nondualität erwacht sein und dennoch so autoritär sein? Wie kann er so befreit sein und dennoch seine weiblichen Schüler so ausnutzen?"

Und so gingen die Diskrepanzen zwischen Struktur und Zustand des Bewusstseins weiter und verursachten enorme Probleme und Herzschmerzen auf beiden Seiten. Ich kenne zwei voll in ihrer Tradition autorisierte amerikanische Zen-Meister, die mit einer besonders schwierigen Version dieser Situation konfrontiert waren und schließlich beschlossen, dass der einzige Weg, ihre Ausbildung zu überstehen, darin bestand, „den ganzen Fisch zu schlucken" – d. h. die strukturell in der Vergangenheit steckengebliebenen Ratschläge zusammen mit den fortgeschrittenen Ratschlägen hinsichtlich einer Zustandsentwicklung vollständig zu akzeptieren. Beide sind schließlich als Lehrer ihrer Tradition zurückgetreten und haben sehr ambivalente Erinnerungen an ihre Ausbildung.

Und genau das zeigt, warum ein integraler Buddhismus – und die Vierte Drehung des Rades – für den heutigen Buddhismus so wichtig ist. Sowohl die Grundstruktur – Sprossen und ihre Sichtweisen – als auch die großen Zustandsbereiche und ihre Erlebensdimensionen zu verstehen, wäre an sich schon eine außergewöhnliche Revolution in unserem Verständnis von Spiritualität und ihrem Wachstum. Zustände werden durch Strukturen interpretiert – und genau das ist eine Formel, die tausend Geheimnisse entschlüsselt. Dies in den Buddhismus – oder in jede andere Spiritualität – einzubauen, wäre ein monumentaler Sprung nach vorn.

Zustände und Erlebensdimensionen

Als zweiten großen Punkt würde eine Vierte Wendung, als eine integrale Spiritualität, *Zustände und Zustandsstufen* (oder *Erlebensdimensionen*) einschließen. Die meisten Schulen des Buddhismus beinhalten dies bereits (mit einigen Ausnahmen im magischen, mythischen und pluralistischen Buddhismus, wie wir bereits angedeutet haben). Doch den meisten Formen westlicher Religion fehlt es heute an *jeglichen* unmittelbaren spirituellen Gipfelerfahrungen, geschweige denn an kontemplativen Systemen, die das gesamte Spektrum von grobstofflich bis nondual abdecken. Das ist in vielerlei Hinsicht merkwürdig, denn praktisch alle Formen westlicher (und östlicher) Religionen begannen als eine Reihe von mystischen Zuständen und Gipfelerfahrungen ihrer Religionsstifter.

Die allererste christliche Versammlung – das Pfingstfest – war geprägt von einer intensiven Mystik im subtilen Bereich (Flammen, welche die Köpfe umkreisen, ein anderes Mal Tauben, die herabsteigen, und so weiter); und über die ersten Jahrhunderte definierte die mystische Erfahrung das christliche Bewusstsein („Lasst dieses Bewusstsein in euch sein, das in Christus Jesus war, damit wir alle eins sind"). Man suchte einen christlichen Lehrer auf, wenn er oder sie *sanctus-sanctified* oder erleuchtet war. Doch mit der zunehmenden Macht der Kirche („Niemand kommt zum Heil außer durch die Mutter Kirche") ging das Christentum zunehmend von direkten mystischen Erfahrungen zu mythischen Erzählungen, Glaubensvorstellungen und legalistischen Glaubensbekenntnissen über. Das Nachplappern der Glaubensbekenntnisse ersetzte die Erfahrung des GEISTES.

Zur Zeit der Gegenreformation waren praktisch alle kontemplativen Zweige des Christentums stark eingeschränkt worden, und die spanische Inquisition war voll im Einsatz, um jegliche Erfahrungen der höchsten Identität oder der Identität von subtiler Seele und kausalem Gott in der nondualen Gottheit zu verhindern. Heilige wie Giordano Bruno wurden auf dem Scheiterhaufen verbrannt, weil sie die Grenze überschritten hatten, ganz zu schweigen von den vielleicht 300.000 Frauen, die wegen ihrer Erfahrungen verbrannt und der „Hexerei" angeklagt wurden. (Thesen des außergewöhnlichen

Meister Eckhart, der allgemein als einer der größten Weisen angesehen wird, die die Welt, ob im Osten oder Westen, je gekannt hat, wurden von der Kirche verurteilt, was wohl bedeutet, dass Eckhart jetzt im Himmel ist, während seine Thesen in der Hölle brennen. Doch das wird dem armen Mann sicher kein Kopfzerbrechen bereiten …)

Die damaligen mythischen Strukturen der spirituellen Intelligenz – die als Strukturen für die vorrationale, vorwestliche Epoche der Aufklärung immer noch angemessen waren – wurden leider dauerhaft zementiert, und Zustandserfahrungen wurden im Wesentlichen generell verboten, zumal die Zustände, anders als die mythischen Glaubensbekenntnisse, nicht von der Kirche kontrolliert werden konnten. Das doppelte Problem bei diesem Schritt war neben dem Verlust der Zustände, dass die mythisch-buchstäbliche Sicht der spirituellen Intelligenz eingefroren und zu einem ewigen Dogma gemacht wurde, welches fortan nicht mehr in Frage gestellt werden sollte.

Während sich die anderen Intelligenzen – in den Wissenschaften, in der Medizin, im Recht, in der Kunst, in der Bildung und in der Politik – in die moderne rationale, dann in die postmoderne pluralistische und dann möglicherweise sogar in die vereinheitlichende integrale Sichtweise bewegten, blieb die Religion in der mythisch-buchstäblichen Sichtweise eingefroren – ethnozentrisch, rassistisch, sexistisch, patriarchalisch, dogmatisch, unanfechtbar. (Der vorherige Papst, Benedikt XVI., verkündete, dass die Zulassung von Frauen zum Priesteramt mit der Sünde der Päderastie gleichzusetzen sei. Nichts für ungut, aber hat er beides selbst erlebt, so dass er ein solches Urteil fällen kann?)

Die westliche Welt hat in der Tat ihr spirituelles Wachstum aufgegeben. Die spirituelle Intelligenz – die Art und Weise, wie wir *Aufwachsen* – wurde auf dem mythischen Niveau bzw. dem eines typischen 7-Jährigen eingefroren; und spirituelle Zustände – die Art und Weise, wie wir *Aufwachen* – wurden verboten. Das ist im Wesentlichen der blutleere Zustand der westlichen Spiritualität heute. Kein Wunder, dass Ideen wie ein integrales Christentum und andere Formen des spirituellen Engagements auf so großes Interesse gestoßen sind.

Es sollte jedoch betont werden, dass selbst in jenen spirituellen Schulen, die Zustände und Erlebensdimensionen in den Vordergrund stellen, wie z. B. im Buddhismus, keine von ihnen historisch gesehen Sprossen und Sichtweisen miteinbezogen haben, da sie nicht erkennen, dass jeder Zustand und Erlebnisbereich auf wesentliche Weise von der Ansicht der Stufe, auf der sich die Person befindet, interpretiert wird. Es sollte daran erinnert werden, dass eine Person sich praktisch auf jeder Sprosse des 1. oder 2. Rangs befinden kann – zum Beispiel auf der mythischen, rationalen oder pluralistischen Stufe – und sich von dieser Sprosse aus meditativ durch die gesamte Abfolge der Zustandsstufen entwickeln kann – zum Beispiel vom pluralistischen Grobstofflichen zum pluralistischen Subtilen zum pluralistischen Kausalen/Bezeugenden zum pluralistischen Nondualen. Oder vom rationalen Grobstofflichen zum rationalen Subtilen zum rationalen Kausalen/Bezeugenden zum rationalen Nondualen.

Eine Person, die, sagen wir, rational nondual ist, wird in der Tat eine vollkommene Einheit mit ihrer Welt entdecken – eine Nondualität von Leere und Form – aber die Welt der Form dieser Person umfasst nur alle Phänomene bis zur rationalen Ebene. Die gesamte pluralistische Welt, die holistische Welt, die integrale Welt und die super-integrale Welt sind immer noch „zu hoch" für diesen Menschen und in seinem Bewusstsein nicht verfügbar. Das Individuum wird NICHT eins mit diesen Welten sein, weil sie völlig außerhalb der Reichweite seines Bewusstseins liegen. Du kannst nicht eins sein mit dem, was in keiner Weise für dich existiert.

Und so befinden sich „oberhalb" dieses Individuums – das eins ist mit der gesamten physischen Welt, eins mit der gesamten biologischen Welt und eins mit der mentalen Welt, von der sensomotorischen über die emotional-sexuelle bis hin zur konzeptuellen, konkret-operativen und formal-operativen Welt – die gesamten Welten des pluralistischen Bereichs, des holistischen Bereichs, des visionär-logischen Bereichs und des super-integralen Bereichs. Wenn Objekte aus einem dieser Bereiche in sein Gewahrsein eintreten, wird er sie schlicht nicht erkennen, oder sie werden rätselhaft und unsinnig erscheinen, oder sie werden auf andere Weise einfach nicht registriert. Diese Person, die eine nonduale Einheitserfahrung hat – jedoch auf mythischer, rationaler, pluralistischer Ebene – ist also *nicht* wirklich eins mit der *gesamten* Welt (und erlebt somit keine *vollständige* Einheit), weil es „über" ihr eine Reihe von Strukturwelten gibt, derer sie sich völlig unbewusst ist, obwohl sie sich ansonsten in einem echten nondualen Zustand der Einheit von Leere und Form befindet – mit dem Vorbehalt „eins mit all den Formen, die sich konkret in ihrer Welt befinden."

Deshalb ist es für eine wirklich umfassende Spiritualität so wichtig, sowohl Strukturen als auch Zustände einzubeziehen. Wenn man mit einer Zustandsentwicklung beginnt, wie z. B. Meditation, kann man auch ein Strukturentwicklungsprogramm beginnen, wie z. B. die Arbeit von Kegan und Lahey über Sprachen und den Widerstand gegen Wachstum, oder die Meta-Praxis des Integral Institute, oder jede Art von dem, was Zak Stein „operationalisierende Höhe" nennt (wobei „Höhe" als „Grad des vertikalen [Struktur-] Wachstums und der Entwicklung" definiert ist). Das ist wichtig, denn jemand, der, sagen wir, die mythische Sichtweise einnimmt, buddhistisch meditiert und schließlich seinen Zustandsschwerpunkt ganz auf die nonduale Soheit verlagert, wird, um diesen Zustand zu interpretieren, nach wie vor nur diejenigen geistigen Werkzeuge haben, die auf ethnozentrische Modi beschränkt sind, mit einem entsprechenden Glauben an ein „auserwähltes Volk" oder einen „auserwählten Pfad" – der Glaube, dass sein Pfad allein eine wahre Befreiung bringen kann (wir haben bereits gesehen, dass aktuelle Schulen des Buddhismus dies glauben). Obwohl sie das Bodhisattva-Gelübde abgelegt haben, alle Wesen zu befreien, fällt es ihnen schwer, einen Muslim oder einen Christen zu akzeptieren, selbst wenn sie mystisch nonduale Überzeugungen haben. Das Buch *Zen at War*[18] ist voll von Beispielen für rein ethnozentrische Überzeugungen von hoch angesehenen Zen-Meistern, die zeigen, dass dies kein isoliertes oder zu vernachlässigendes Problem ist.

Jeffery Martins Diplomarbeit für das California Institute of Integral Studies verwendet die Mystizismus-Skala von Hood (welche die Stimmigkeit und die Art der Zustandserfahrungen beurteilt) und die Ich-Entwicklungsskala von Susanne Cook-Greuter (die

---

18   Deutsch: Brian, V. (1999) Zen, Nationalismus und Krieg. Eine unheimliche Allianz, Theseus Verlag, München.

die Strukturstufen der Selbstidentität misst) um zu zeigen, dass die Strukturstufen keine Korrelation mit der Zustandsentwicklung vorhersagen. Aus diesem Grund ist die Einbeziehung sowohl der Zustandsentwicklung als auch der Strukturentwicklung – Erlebensdimensionen und Sichtweisen – für jede wirksame Spiritualität so wichtig.

Schattenarbeit

Ein dritter Punkt betrifft den *Schatten* und die *Schattenarbeit*. Wie wir bereits erwähnt haben, gibt es nur wenige spirituelle Systeme, wenn überhaupt, die ein umfassendes oder ausgefeiltes Verständnis oder Modell des Schattenmaterials haben. Es gibt ein Bewusstsein für negative Emotionen und ihre Auswirkungen, verschiedene Arten von Verunreinigungen, sogar ein Lagerhaus-Bewusstsein, das Jungs kollektives Unbewusstes um mehr als ein Jahrtausend vorwegnimmt. Aber spezifische Abwehrsmechanismen, die Typen des psychodynamisch verdrängten Unbewussten hervorbringen – das ist im Großen und Ganzen eine Entdeckung des modernen Westens (in vielen Fällen ironischerweise angeregt durch ein Studium östlicher Systeme und deren komplexes Verständnis von *Prana* und seiner Wechselhaftigkeit – Prana ist Bioenergie, Elan Vital oder Libido – mit einer Hinzufügung von Konzepten wie Verdrängung, Verleugnung und dem individuellen Unbewussten).

Der Schatten existiert im Wesentlichen aufgrund der Natur der Entwicklungsprozesse, die die Psyche durchläuft – sowohl in Bezug auf Strukturen als auch auf Zustände. Wir haben gesehen, dass sich das zentrale oder proximale[19] Selbst in jeder Entwicklungssequenz zunächst mit einer Grundstruktur oder einem Hauptzustand identifiziert und so die Welt durch diese Struktur oder diesen Zustand sieht, wodurch eine Sichtweise bzw. ein Erlebnisbereich entstehen. Während es sich in dieser Struktur oder diesem Zustand befindet, muss das Selbst alle Hauptmerkmale dieser Dimension annehmen und integrieren – alle Eigenschaften, Gedanken, Gefühle, Bedürfnisse und Triebe dieser Struktur oder dieses Zustands.

Wenn es dem Selbst nicht gelingt, eines dieser Elemente angemessen zu integrieren, wird es entweder mit diesen Elementen

---

19 Anm. d. Übers.: In *Integrale Psychologie* unterscheidet Wilber das proximale vom distalen Selbst. „Wenn man in diesem Moment ein Gefühl seines Selbst bekommt – einfach darauf achtet, was es ist, was man „ich" nennt – dann bemerkt man vielleicht wenigstens zwei Teile an diesem „Selbst": Erstens ist da eine Art beobachtendes Selbst (ein inneres Subjekt oder Beobachter); und zweitens ist da eine Art beobachtetes Selbst (ein paar objektive Dinge, die man von sich selbst sehen oder wissen kann – ich bin ein Vater, eine Mutter, ein Arzt, ein Angestellter; ich wiege soundso viel, habe blondes Haar usw.) Das erste wird als ein „Ich" erfahren, das zweite als ich (me) (oder sogar als „meins"). Ich nenne das erste das *proximale Selbst* (da es näher an einem ist) und das zweite das *distale* (das entfernte) *Selbst* (da es objektiv und „weiter weg" ist).

verschmolzen und darin eingebettet bleiben (als ein Versagen bei der Differenzierung) – wodurch eine Abhängigkeit von diesen Elementen entsteht (Nahrung, Sex, Macht usw. im grobstofflichen Bereich; Seelenlicht und Klarheit usw. im subtilen Bereich; Archetypen im kausalen Bereich usw.) – oder es wird sich von diesen Elementen abwenden und distanzieren (als ein Versagen bei der Integration) – wodurch eine Allergie gegen dieselben Elemente entsteht (Nahrung, Sex, Macht usw.). Vor allem an jedem Entwicklungspunkt – Struktur zu Struktur (als Drehpunkt bezeichnet) oder Zustand zu Zustand (als Wechselpunkt bezeichnet) – treten diese Arten von Dysfunktionen am ehesten auf.

Wenn sich das Selbst beispielsweise beim Übergang vom oralen zum genitalen Stadium nicht angemessen von den oralen Trieben abgrenzt, bleibt es mit diesen Trieben identifiziert oder verschmilzt mit ihnen und entwickelt so eine orale Fixierung oder orale Sucht, wobei es ständig andere Bedürfnisse durch Nahrung ersetzt und Nahrung dazu verwendet, sich gut zu fühlen. Wenn andererseits die Differenzierung und Loslösung vom oralen Stadium – was eigentlich geschehen sollte – zu weit in die Dissoziation und Loslösung geht, dann erzeugt das Selbst eine Nahrungsmittelallergie und endet mit Symptomen wie Bulimie oder Anorexie. In beiden Fällen wird eine Teilpersönlichkeit im Hinblick auf Ernährung geschaffen, die im Unterbewusstsein lebt und ständig Symptome und Symbole aussendet, welche das Thema Essen in die meisten ihrer Interaktionen und Beziehungen einbringt. Was passieren sollte, ist, dass der orale Bereich (oder die „Struktur") bestehen bleibt, aber eine exklusive Identität mit dem oralen Bereich (und die Sichtweise auf ihn) losgelassen wird – man muss immer noch essen, aber man ist nicht mehr oral fixiert. Die Bereiche bleiben, die Sichtweisen werden transzendiert.

(So fasste Robert Kegan die Entwicklung zusammen – und das gilt sowohl für Strukturen als auch für Zustände – „Das Subjekt einer Stufe wird zum Objekt des Subjekts der nächsten Stufe." Eine Teilpersönlichkeit ist ein Subjekt auf einer Stufe, das sich weigert, ein Objekt der nächsten Stufe zu werden – es ist ein „Sub-Subjekt", kein Objekt. Es ist ein „Ich", das nicht zu einem „mein" werden will und daher entweder in das zentrale „Ich" eingebettet bleibt oder sich als Sub-"Ich" abspaltet, was beides unbewusst ist und somit kein wirkliches Objekt des Bewusstseins darstellt. Dies kann in praktisch jeder Struktur und jedem Entwicklungsstadium geschehen).

Dasselbe geschieht auch mit den Zuständen, besonders an ihren Wechselpunkten. Wenn sich das Selbst beispielsweise in der Zustandsentwicklung vom Grobstofflichen zum Subtilen bewegt, verlagert sich sein Schwerpunkt vom grobstofflichen Ego zur subtilen Seele oder dem Selbst, das sich ausschließlich mit dem subtilen Erlebnisbereich identifiziert (und sich des grobstofflichen Bereichs immer noch bewusst ist, sich aber nicht mehr ausschließlich mit ihm identifiziert – der Zustandsbereich bleibt bestehen, die Identifikation mit dem vorangegangenen Erlebnisbereich geht verloren).

Nun, da sich das Selbst darauf vorbereitet, in den kausalen Bereich überzugehen, muss es sich selbst loslassen oder sich selbst gegenüber sterben, um dies zu tun. Wenn es diesen Tod fürchtet, könnte das Selbst insgeheim mit der Seele identifiziert oder an ihr hängen bleiben – eine Seelensucht – und diese Seelensucht wird das Verständnis und das wahre Erfassen des Kausalbereichs verhindern. Gewahrsein selbst wird auf subtile Weise verzerrt werden. Gewahrsein selbst wird nicht frei von der Persönlichkeit sein, sondern auf subtile Weise an sie gebunden und mit ihr identifiziert bleiben. Andererseits, wenn diese Differenzierung und Nicht-Identifizierung zu weit in die Dissoziation und das Ent-Identifizieren geht, entsteht eine Seelenallergie, bei der die Person die Seele nicht transzendiert, sondern Teile von ihr als eine unbewusste Seelen-Teilpersonalität abspaltet, und die subtile Seele im Allgemeinen verabscheut, wo immer sie auftaucht – in der Theologie, in der Psychologie, in anderen Menschen. Was dabei gehasst wird, ist jedoch die eigene subtile Seele, die sie nicht richtig transzendiert, sondern dysfunktional abgespalten wurde.

Die meisten dieser von sich selbst dissoziierten Teile begannen als ein eigenes Merkmal, ein Gedanke, ein Gefühl, das heißt als eine Eigenschaft einer ersten Person, die dann innerlich weggeschoben wurde. Dieser Verdrängungsmechanismus ist geprägt von der ihm zugrunde liegenden Entwicklungsstufe, auf der sich der Mensch befindet – von Introjektion und Projektion durch die grundlegende Selbst-Andere-Grenze des sensomotorischen Bereichs, über dynamische Verdrängung durch den konzeptuellen Verstand auf der intentionalen Stufe, bis hin zu Schwierigkeiten bei der Anpassung an Rollen oder der Befolgung von Regeln auf der Regel/Rollen-Stufe, bis hin zur ganzheitlichen Abtrennung durch die Schaulogik auf der integralen Stufe. Durch das Wegschieben mittels eines der jeweiligen Entwicklungsstufe entsprechenden Abwehrmechanismus wurde dieser ursprünglich eigene Anteil in ein „Anderes" verwandelt, ein Element einer zweiten Person, abgedrängt ins Unbewusste, und wurde dann oft sogar noch weiter in ein völlig fremdes Element einer dritten Person umgewandelt (ein „es", das oft auf einen „ihn", „sie" oder „sie alle" projiziert wird). Wir haben es hier mit einem 1-2-3-Prozess zu tun (von einer ersten Person zu einer zweiten Person zu einer dritten Person).

Deshalb arbeitet der vom Integral Institute entwickelte 3-2-1-Prozess mit diesen Schattenelementen, indem er diesen Prozess umkehrt (nicht 1-2-3, sondern 3-2-1). Nehmen wir zum Beispiel an, dass eine Person sehr wütend ist (ein Impuls der ersten Person), aber aus verschiedenen Gründen (z. B. eines nicht akzeptierens von Wut durch die Eltern, die Religion oder die Kultur) dissoziiert oder verdrängt sie die Wut aus ihrem Bewusstsein (in eine zweite Person eine „andere") und projiziert sie dann auf andere (eine dritte Person, „er", „sie" oder „sie alle").

Da nun jeder auf diese Person wütend zu sein scheint (sie weiß, dass jemand sehr viel Wut hat, und da sie selbst es nicht sein kann, müssen es alle anderen sein), entwickelt sie als Reaktion darauf oft ein erhebliches Maß an Angst oder Depression. Vielleicht taucht diese Angst in Albträumen immer wieder als ein verschlingendes Monster auf.

Der 3-2-1-Prozess beginnt mit der Identifizierung der dritten Person, auf die man am stärksten reagiert, entweder im Leben oder im Traum. Dann stellt man sich dieser Person (die entweder enorm positiv oder negativ sein kann – übermäßig bewundert und als Held verehrt, eine Projektion der eigenen positiven Eigenschaften; oder übermäßig gefürchtet und gemieden, die eigenen negativen Eigenschaften). Wenn man dieser Person, dem Helden oder dem Monster gegenübersteht, spricht man mit ihr und verwandelt sie so in eine zweite Person. „Wer bist du? Was willst du? Warum bist du hier?"

und so weiter, mehrere Minuten lang, wobei man einen Ich-Du-Dialog mit dieser zweiten Person führt. Dann nimmt man die Rolle dieser zweiten Person ein, identifiziert sich mit dieser Person oder diesem Monster und spricht *als* sie, bis man die Qualität, das Gefühl oder die Eigenschaft, die diese Projektion in sich trug, vollständig wieder in Besitz genommen und sich mit ihr identifiziert hat, wodurch sie wieder zu dem Element der ersten Person wird, das sie wirklich ist. Wenn der Prozess richtig durchgeführt wird, stellt sich in der Regel ein großes Gefühl der Erleichterung und Befreiung ein, wenn er abgeschlossen ist.

Die meisten Meditierenden finden diesen Prozess einfach und angenehm. Er kann jeden Morgen für ein paar Minuten durchgeführt werden – mit den attraktivsten oder störendsten Elementen des nächtlichen Traums – und/oder ein paar Minuten vor dem Schlaf – mit der bewundernswertesten oder irritierendsten Person des Tages. Und es kann auch während der Meditation selbst geschehen, wenn ein besonders störendes (übermäßig attraktives oder besonders abstoßendes) Element auftaucht und die Achtsamkeit oder das kontemplative Gebet oder was auch immer die Praxis ist, unterbricht. Wenn man sich ein paar Minuten Zeit nimmt und den 3-2-1-Prozess im Geiste durchgeht, kann man ihn schnell aus dem Bewusstsein streichen und die Praxis wieder in die richtige Bahn lenken.

Es gibt eine Erweiterung des 3-2-1-Prozesses, die wir den „3-2-1-0" Prozess nennen, und sie beinhaltet außerdem die Praxis, die als „Transmutation von Emotionen" bekannt ist. Wir haben gesehen, dass die tantrische Sicht der Nondualität besonders kraftvoll ist. Sie verzichtet nicht auf negative Emotionen und arbeitet auch nicht daran, sie allmählich zu transformieren, sondern tritt mit nondualem Gewahrsein direkt in die Emotion hinein, was die Emotion fast augenblicklich in die entsprechende transzendentale Weisheit umwandelt (so dass z. B. Wut dann als die strahlende Klarheit des nondualen Gewahrseins auftaucht).

Doch damit dieser Prozess richtig funktioniert, muss die ursprüngliche Emotion eine authentische Emotion sein – das heißt, auch die negative Emotion, mit der man arbeitet, muss wirklich diese spezielle Emotion sein und nicht eine verdrängte, unterdrückte oder verleugnete Form eines negativen Schattens. Aber genau das ist es, was Verdrängung, Dissoziation und Verleugnung bewirken – sie verändern die Emotion grundlegend in eine falsche und irreführende Form. In unserem Beispiel der verleugneten Wut, die im Traum als Monster erscheint, erzeugt das Monster wahrscheinlich Gefühle der Angst, nicht der Wut. Und es ist überhaupt nicht offensichtlich, dass diese Angst das Ergebnis einer projizierten Wut ist – sie erscheint als echte, wirkliche und authentische Angst. Wenn man also mit der Umwandlung von Emotionen arbeitet, wird man mit der Angst arbeiten und daran arbeiten, das nonduale Gewahrsein auf die Angst zu übertragen. Aber Angst ist eine nicht-authentische Emotion; sie ist nicht real; sie ist nicht die tatsächliche Emotion, die ursprünglich erzeugt wurde (es ist eher Ärger oder Wut); und daher wird die Umwandlung dieser nicht-authentischen Emotion nur eine nicht-authentische Weisheit erzeugen, eine Weisheit, die nicht durch die echte und akkurate Energie der ursprünglichen Emotion erzeugt wird, sondern eine verdrehte Weisheit, die auf einer verdrehten Emotion beruht. Das kann tatsächlich ziemlich schädlich und nicht befreiend sein, weil eine falsche Emotion ausgebreitet und zu transzendenten Proportionen aufgeblasen wird.

Wenn man jedoch einen 3-2-1-Prozess mit dieser Angst durchführt, wird sie ziemlich schnell zu ihrer ursprünglichen, authentischen Form des Ärgers oder der Wut zurückkehren. Und wenn man *dann* die Transmutation von Emotionen an dieser authentischen Emotion durchführt, wird eine wirklich authentische transzendentale Weisheit daraus resultieren (und zwar eine brillante, leuchtende Klarheit). Wir nennen es „3-2-1-0", weil mit nondualem Gewahrsein die Subjekt-Objekt-Dualität (zumindest vorübergehend) überwunden wird und somit die „erste Person" in „keine Person" oder „kein Subjekt" (keine Subjekt-Objekt-Dualität) oder „0 Person" transzendiert wird. (Das Buch *Integrale Lebenspraxis* enthält ein Kapitel über den 3-2-1 und den 3-2-1-0 Prozess. Es gibt zahlreiche Bücher über die tibetisch-buddhistische Praxis der emotionalen Transmutation, und diese können zu rate gezogen werden – doch mache zuerst eine 3-2-1 oder eine ähnliche Praxis, um sicherzustellen, dass du mit der ursprünglichen negativen Emotion arbeitest und nicht mit einer reaktiven Emotion auf eine Projektion).

Dies ist nur ein Beispiel für Schattenarbeit, reicht aber oft aus, um eine große Menge an Schattenmaterial zu bearbeiten. Wenn mehr Arbeit erforderlich ist, kann ein professioneller Therapeut hinzugezogen werden.

Schattenelemente können von praktisch jeder Sichtweise aus auf jeder Strukturstufe und jedem Erlebnisbereich in jedem Zustand/ Bereich erzeugt werden. Ganz gleich, wie gesund die eigene strukturelle Entwicklung oder wie erfolgreich die Entwicklung des meditativen Zustands auch sein mag, eine Schattenfehlbildung kann die Arbeit völlig zunichte machen. Wir wissen aus langer, harter, bitterer Erfahrung in der Meditation, seit ihrer Einführung im Westen vor etwa 40 Jahren, dass Meditation Schattenprobleme nicht heilen kann, sondern sie oft sogar noch verstärkt. Wir alle kennen Meditationslehrer, die oft hervorragende Lehrer, aber strukturell gesehen schattengeplagte neurotische Spinner sind, um es so höflich wie möglich auszudrücken. Sei kein Opfer deines eigenen Schattens, sondern baue zumindest etwas Schattenarbeit in deine Meditation ein.

4 Quadranten

	Innerlich	Äußerlich
Individuell	**Oben links** **ICH** Subjektiv Bewusstseinszustände Erlebensweisen Wahrnehmungen Fantasien Emotionen Intuitionen Gedanken	**Oben rechts** **ES** Objektiv Körper und Gehirn Alles, was sich äußerlich wahrnehmen (anfassen, sehen, hören, riechen, schmecken) und überprüfen lässt Verhaltensweisen
Kollektiv	**WIR** Intersubjektiv Kultur Religionen Ideologien Sprache Gemeinsame Werte, Regeln und Überzeugungen Gruppen- und Gemeinschaftsidentät **Unten links**	**SIE** Interobjektiv Umwelt Systeme Netzwerke Technologie Organisationen Politische Gruppierungen **Unten rechts**

Abb. 5 Die vier Quadranten als Hauptperspektiven

Kurz gesagt, sind die *4 Quadranten* 4 Perspektiven und Dimensionen, wie man alle Phänomene betrachten kann. Man kann jede Sache oder jedes Ereignis sowohl von innen als auch von außen und sowohl individuell als auch kollektiv sehen – insgesamt also 4 Perspektiven. Wie bereits erwähnt, ergeben sich aus diesen beiden Dimensionen (Innerlich/Äußerlich und Individuell/Kollektiv) vier Hauptkombinationen – das Innere des Individuums (der „Ich"-Raum, zu dem man durch Introspektion und Meditation Zugang hat, der Gedanken, Bilder, Ideen und Gefühle enthält und dessen

Oben links Subjektiv	Oben rechts Objektiv
Wahrhaftigkeit Aufrichtigkeit Integrität Vertrauenswürdigkeit **ICH**	**Wahrheit** Übereinstimmung Repräsentanz Propositional **ES**
WIR **Gerechtigkeit** Kulturelle Übereinstimmung Gegenseitiges Verständnis Richtigkeit, Rechtmäßigkeit Unten links Intersubjektiv	**SIE** **Funktionale Übereinstimmung** Systemtheoretische Vernetzung Strukturfunktionalismus Ineinandergreifen sozialer Systeme Unten rechts Interobjektiv

Abb. 6 Aspekte der vier Quadranten im Hinblick auf Kriterien des Gültigkeit

Form der Wahrheit „Wahrhaftigkeit" ist, oder „Wenn ich sage, es regnet, bin ich dann wahrhaftig?"); das Äußerliche des Individuellen (oder „Es"-Raum, der objektiv durch Beobachtung gesehen wird; der Atome, Moleküle, Zellen, Organsysteme, Lungen, Nieren, Bäume, Tiere und das Verhalten des Individuums enthält – alles in seiner singulären oder individuellen Form; dessen Art von Wahrheit allgemein und einfach „Wahrheit" genannt wird – wie in „Ist es wahr, dass es regnet?" oder „Stimmt es, dass Wasser 1 Wasserstoff- und 2 Sauerstoffmoleküle enthält?"); das Innerliche des Kollektiven (oder „Wir"-Raums, der durch ein gegenseitiges Verstehen erfahren wird; der gemeinsame Werte,

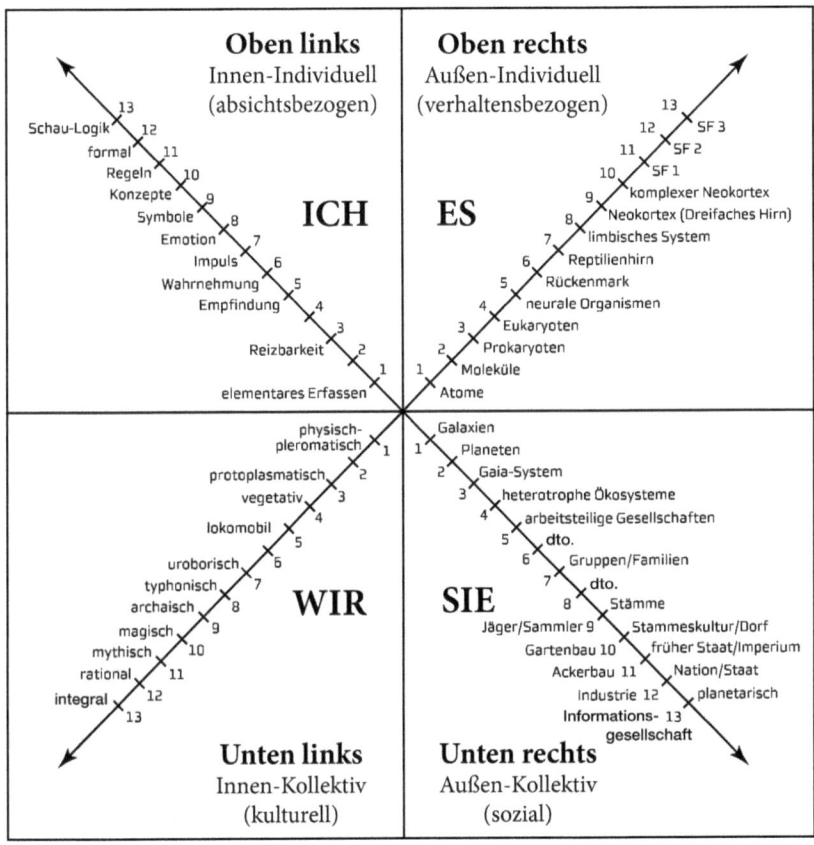

Oben links
Innen-Individuell
(absichtsbezogen)

Oben rechts
Außen-Individuell
(verhaltensbezogen)

13
Schau-Logik 12
formal 11
Regeln 10
Konzepte 9
Symbole 8
Emotion 7
Impuls 6
Wahrnehmung 5
Empfindung 4
3
Reizbarkeit 2
1
elementares Erfassen

ICH

ES

13
12 SF 3
11 SF 2
10 SF 1
9 komplexer Neokortex
8 Neokortex (Dreifaches Hirn)
7 limbisches System
6 Reptilienhirn
5 Rückenmark
4 neurale Organismen
3 Eukaryoten
2 Prokaryoten
1 Moleküle
Atome

physisch-
pleromatisch 1
protoplasmatisch 2
vegetativ 3
lokomobil 4
5
uroborisch 6
typhonisch 7
archaisch 8
magisch 9
mythisch 10
rational 11
integral 12
13

WIR

SIE

Galaxien
1 Planeten
2 Gaia-System
3 heterotrophe Ökosysteme
4 arbeitsteilige Gesellschaften
5 dto.
6 Gruppen/Familien
7 dto.
8 Stämme
Jäger/Sammler 9 Stammeskultur/Dorf
Gartenbau 10 früher Staat/Imperium
Ackerbau 11 Nation/Staat
Industrie 12 planetarisch
Informations- 13
gesellschaft

Unten links
Innen-Kollektiv
(kulturell)

Unten rechts
Außen-Kollektiv
(sozial)

Abb. 7 Einige allgemeine Entwicklungsstufen in den Quadranten

Ethik, Weltanschauungen usw. enthält; und dessen Wahrheitsform „kulturelles Passen", „Gerechtigkeit", „Angemessenheit" oder „das Gute" ist – wie in „Was ist das Richtige, um mit diesem Mörder zu verfahren?"); und das Äußerliche des Kollektiven (oder „Es-plural oder Sie") Raums, der Systeme und kollektive Strukturen, Institutionen und techno-ökonomische Produktionsweisen umfasst, wie z. B. Nahrungssuche, Landwirtschaft, Industrie, Information usw.; erkannt durch objektive Beobachtung von Kollektiven oder Systemen; und dessen Wahrheitsform „funktionelles Passen" ist – wie z. B. „Passen diese Phänomene alle gut zusammen und funktionieren als Einheit?").

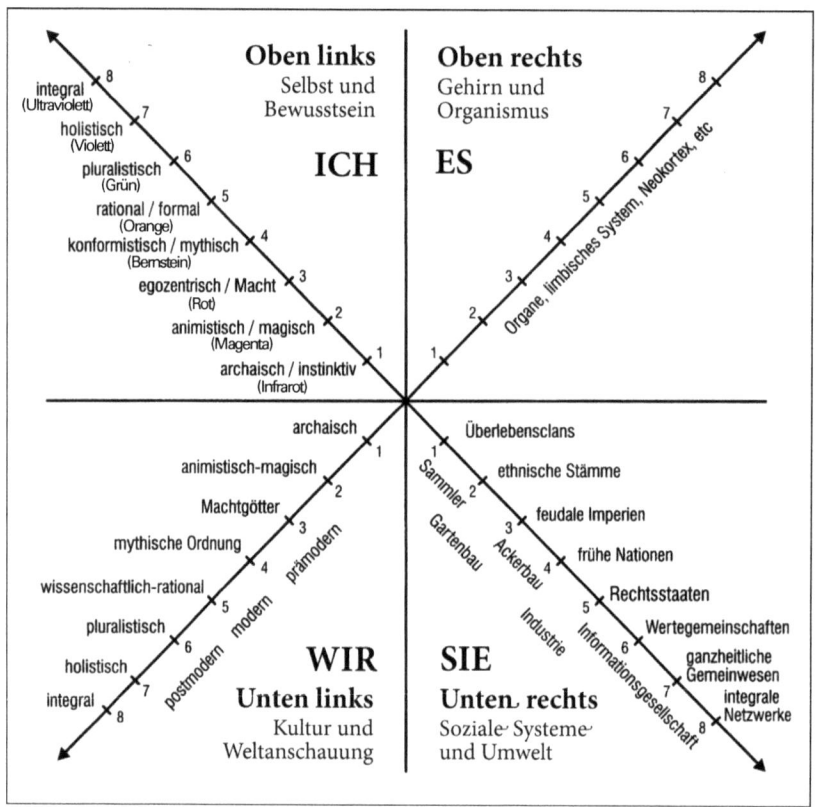

Abb. 8 Entwicklungsstufen in den vier Quadranten auf den Menschen bezogen

Diese vier Hauptdimensionen werden oft auf drei reduziert, indem die beiden äußeren Bereiche auf einen objektiven oder dritte Person-Bereich (oder „Es") reduziert werden, wobei „du/wir" die zweite Person und „ich" die erste Person ist, was uns die „Großen 3" von Ich, Wir und Es (oder Selbst, Kultur und Natur; oder Buddha, Sangha und Dharma) gibt.

Dieser AQAL-Rahmen („alle Quadranten, alle Ebenen, alle Linien (Persönlichkeitseigenschaften), alle Zustände, alle Typen") kann auf jede menschliche Disziplin oder Tätigkeit angewandt werden und wird so zu einer integrativen oder integralen Version. Tatsächlich hat das *Journal of Integral Theory and Practice,* die wichtigste von Experten begutachtete Fachzeitschrift auf diesem Gebiet,

Oben links	Oben rechts
Subjektiv	Objektiv
Alternative Behandlung	**Schulmedizin**
Emotionen	Chirurgie
Einstellungen	Betäubungsmittel
Imagination	Medikamentöse Behandlung
Visualisation	Verhaltensmodifikation
ICH	**ES**
WIR	**SIE**
Kulturelle Aspekte	**Funktionale Übereinstimmung**
Gruppenwerte	Systemtheoretische Vernetzung
Kulturelle Werte	Strukturfunktionalismus
Bedeutung von Krankheit	Ineinandergreifende soziale Systeme
Selbsthilfegruppen	
Unten links	**Unten rechts**
Intersubjektiv	Interobjektiv

Abb. 9 Aspekte der vier Quadranten auf im Hinblick auf eine integrale Medizin

inzwischen Artikel in über 50 verschiedenen Disziplinen veröffentlicht, die alle mit einem AQAL-Rahmen neu interpretiert wurden, wodurch sie zu einer integralen Version ihres Bereichs wurden – und zwar in allen 50 Bereichen.

Abbildung 9 ist nur ein Beispiel für eine Version der Integralen AQAL-Medizin (diese Abbildung zeigt nur die Quadranten, aber alle anderen Dimensionen des Rahmens sind auch in vollständigeren Versionen der Integralen Medizin enthalten).

In spiritueller Hinsicht ist dies wichtig, weil auch GEIST durch diese 3 oder 4 Hauptperspektiven betrachtet werden kann. Und der wichtige Punkt ist, dass alle 3 dieser Perspektiven wahr sind und alle 3 in jede umfassende Spiritualität einbezogen werden müssen.

GEIST in der dritten Person ist GEIST, der objektiv betrachtet wird, wie im Großen Netz des Lebens oder in Indras Netz. Das ist eine sehr beliebte Sichtweise in der modernen und postmodernen Welt. Sie steht hinter allem, von der Geschichte des Universums bis zu gaiazentrischen Ansichten. Sie wird oft mit der Systemtheorie kombiniert (die ebenfalls dazu neigt, sich auf kollektive Äußerlichkeiten oder den unteren rechten Quadranten zu konzentrieren). Dies ist wahr, weil es die objektiven Dimensionen des GEISTES repräsentiert.

GEIST in der zweiten Person ist GEIST, der als Großes Du oder Große Intelligenz aufgefasst wird, das Universum als eine lebendige, atmende und vitale Realität, mit der man eine lebendige Beziehung haben kann. Es ist auch eine Erinnerung daran, dass die letztendliche Realität in gewisser Weise immer ein großes Mysterium, ein großes Anderes sein wird, das niemals erkannt oder direkt identifiziert werden kann. Es ist der Geist, wie er in Martin Bubers wunderbaren Schriften über Gott als eine Ich-Du-Beziehung offenbart wird, die sich in Dankbarkeit und Dienst verwirklicht. Metaphorisch gesehen ist GEIST unendliches Sein und strahlende Intelligenz – und ein Wesen mit Intelligenz ist eine Person, und in diesem metaphorischen Sinne ist Geist in der zweiten Person jene Dimension von Geist, der man sich in einer persönlichen, lebendigen Beziehung, einer Ich-Du-Beziehung, nähern kann (wenn ein spiritueller Lehrer als lebendige Verkörperung von Geist betrachtet wird, wie im Guru-Yoga, dann ist dieser Lehrer, als ein „Du", auch GEIST in der zweiten Person). „Gespräche mit Gott" sind immer dann möglich, wenn sich das Herz für die Stimme des Höchsten öffnet, der Gegenwart des Herrn zustimmt und in aller Demut und Offenheit zuhört.

Wenn der Höhepunkt der natürlichen Evolution der Mensch ist – eine Person – warum sollte der Höhepunkt der spirituellen Evolution etwas weniger sein? Erinnern wir uns an Nagarjunas Lehren, so sind dies letztlich ohnehin nur Metaphern für den GEIST – aber so ist es auch mit dem Großen Netz des Lebens, Sein-Bewusstsein-Glückseligkeit, Jehova oder jeder anderen Qualität oder positiven Charakterisierung. Doch zumindest als relative Wahrheit sind GEIST in der ersten Person oder das Große „Ich" (das wir als Nächstes besprechen werden), GEIST in der zweiten Person (oder das Große Du) und GEIST in der dritten Person (oder das Große „Es" oder Soheit) allesamt Hinweise darauf, dass GEIST als Grund und Natur aller Dimensionen im Kosmos in allen 4 Quadranten zu finden ist.

Und in dem Maße, in dem wir GEIST visualisieren, uns vorstellen oder charakterisieren, müssen wir alle verfügbaren Perspektiven und Dimensionen einbeziehen, beginnend mit den 4 Quadranten oder den Großen 3. Gott in der zweiten Person erinnert uns einfach daran, dass GEIST in jeder Beziehung zu finden ist, die wir Menschen haben, und dass jedes Gespräch, das wir führen, die aufrichtigste Form der Anbetung ist.

Stelle dir nun vor, dass die Intelligenz, die den Urknall hervorgebracht hat, die sich zu Atomen, Molekülen, Zellen und lebenden Organismen entwickelt hat, die am Himmel als Supernova und Sternenstaub explodiert ist, die magische, mythische, rationale, pluralistische und integrale Kulturbereiche hervorgebracht hat, die in jedem Regentropfen pulsiert, in jedem Mondstrahl leuchtet, in jeder Schneeflocke erscheint und im Leben jedes fühlenden Wesens atmet, jetzt direkt aus deinen Augen schaut, dich mit deinen Fingern berührt, mit deinen Ohren hört, mit deinen Sinnen fühlt, durch dein eigenes Gewahrsein beobachtet – das ist der GEIST in der ersten Person, der GEIST als dein einziges Wahres Selbst, derselbe und einzige GEIST, der aus den Augen jedes empfindungsfähigen Lebewesens schaut – dasselbe Wahre Selbst (es gibt nur ein einziges im gesamten Kosmos), das im Herzen schlägt und im Atem eines jeden Wesens in der Existenz strömt.

Das Gefühl der ICH BINheit in dir ist dasselbe „Bevor Abraham war, bin ich", dieselbe ICH BINheit, die sogar dem Urknall vorausging, die ICH BINheit, die niemals in den Strom der Zeit eintritt, daher nur im zeitlosen Jetzt zu finden ist und daher ungeboren und unsterblich, ungeschaffen und ungemacht, ungeformt und ungestaltet ist, dieselbe ICH BINheit, die der GEIST und das Selbst des gesamten Kosmos ist, sogar bis zu den Enden der Welten. Darf ich vorstellen? Dies ist dein Wahres Selbst.

Du kannst dieses Wahre Selbst ganz einfach finden: Sei dir in diesem Moment einfach dessen bewusst, was du als dein Selbst empfindest – dein typisches, gewöhnliches, alltägliches Selbst – sei dir dessen einfach bewusst. Aber während du das tust, beachte, dass es eigentlich zwei Selbste gibt. Es gibt das Selbst, dessen du dir bewusst bist – du bist so groß, du wiegst so und so viel, du hast diesen Job, du bist in dieser Beziehung, und so weiter. Aber dann gibt es das Selbst, das sich all dieser Objekte bewusst ist – es ist das beobachtende Selbst, die Zeugin, der Seher, die Betrachterin. Und der Seher kann selbst nicht gesehen werden. Wenn du etwas siehst, ist das nur ein weiteres Objekt, es ist kein wahres Subjekt, nicht das wahre Selbst, nicht der wahre Seher.

Dieses beobachtende Selbst oder der Wahre Seher kann niemals als Objekt gesehen werden. Wenn du nach dem Wahren Seher, dem wahren bezeugenden Selbst suchst und erkennst, dass es „neti, neti" ist – „nicht dies, nicht das" –, kein Objekt, das gesehen werden kann, sondern der Seher selbst, wirst du nur ein Gefühl der Freiheit, des Loslassens und der Befreiung finden – einer Befreiung von einer Identität mit einem Haufen kleiner endlicher Objekte. Dieses kleine objektive Selbst, das gesehen und gefühlt werden kann, ist nicht einmal ein wirkliches Selbst, ein wirkliches Subjekt, sondern nur ein Haufen von Objekten, mit denen du dich fälschlicherweise identifiziert hast.

Dieser Fall von falscher Identität – die Identifikation mit dem von der Haut umschlossenen Ego, dem Gefühl des getrennten Selbst, der Selbstkontraktion, anstatt eines offenen, unendlichen, freien, befreiten, leeren Selbst-Bewusstsein – ist die letztendliche Ursache allen Leidens, aller Ängste, Qualen, Unruhen, Schrecken und Tränen. So wie Philosophia zu Boethius in seiner Verzweiflung sagte: „Du hast vergessen, wer du bist."

Und wer du bist, ist reiner Geist in der ersten Person – reines Bewusstsein ohne Objekt; das reine Subjekt oder Selbst, das sich kleiner Subjekte und Objekte bewusst ist; oder wie Madhyamika-Yogachara es ausdrückt, reines, nicht qualifizierbares Gewahrsein als reine radikale Leere, oder ultimative Freiheit, Befreiung, Loslassen – offen, transparent, nackt, strahlend, leuchtend, unendlich, zeitlos, ewig, ohne Grenze, Trennung, Begrenzung, Mangel, Verlangen oder Angst.

Und wer oder was ist dieses Wahre Selbst? Es ist das, was die Worte auf dieser Seite liest oder mich gerade anschaut und meine Stimme gerade hört und sich gerade dieses Raumes bewusst ist und auf diese ganze wunderbare Welt hinausschaut, die eine Manifestation ihrer eigenen selbstbefreiten Beschaffenheit ist. Es ist dieselbe ICH BIN-Natur, die du gerade jetzt fühlen kannst; dieselbe ICH BIN-Natur, die du letzte Woche, letzten Monat, letztes Jahr gefühlt hast. Dieselbe ICH BINheit von vor 10 Jahren, vor 100 Jahren, vor einer Million Jahren, vor einer Milliarde Jahren, sogar vor dem Urknall. Da sie nur im zeitlosen Jetzt existiert, ist sie zu jedem Zeitpunkt zu 100% präsent, ohne Beginn und ohne ein Ende. Es ist die einzige Erfahrung, die du hast, die sich nie ändert.

GEIST in der ersten Person – ein großes „Ich" – ist ebenso wichtig wie GEIST in der zweiten Person – ein großes „Du" – und GEIST in der dritten Person – ein großes „Es". Es sind Kriege darüber geführt worden, welcher von ihnen der wahre GEIST ist. Ein integraler Ansatz besteht natürlich darauf, dass alle 3 oder 4 gleich real, gleich wichtig und gleichwertig einzubeziehen sind.

Diese 1-2-3 des GEISTES sind auch, aus einem etwas anderen Blickwinkel, Buddha (das ultimative „Ich"), Sangha (das ultimative „Wir") und Dharma (das ultimative „Es" oder die Ist-heit). Der Rahmen der vier Quadranten oder das 1-2-3 des GEISTES ist eine einfache Erinnerung an viele unterschiedliche andere Formen, in denen diese grundlegenden Perspektiven auftreten, und eine Erinnerung daran, Raum für sie alle zu finden.

Ein letzter Punkt zu den Quadranten: Jedes Element in jedem Quadranten entwickelt sich, und diese Entwicklung findet gleichzeitig und gegenseitig in allen Quadranten statt. Wir nennen dies Tetra-Evolution und Tetra-Hervorbringung und Tetra-Wahrnehmung. Der Grund dafür ist, dass es sich bei den 4 Quadranten zwar um unterschiedliche Dimensionen und Perspektiven handelt, aber um unterschiedliche Dimensions-Perspektiven des gleichen Phänomens. Es handelt sich um ein und dieselbe Sache, die aus 4 verschiedenen Perspektiven betrachtet wird.

Die Tatsache, dass beispielsweise eine bestimmte Menge Dopamin an bestimmten Synapsen (oder allgemeiner ein bestimmter Gehirnzustand) im oberen rechten (oder „es") Quadranten im oberen linken Quadranten als ein bestimmter Gedanke, eine bestimmte Emotion, ein bestimmtes Gefühl (oder allgemeiner ein bestimmter Bewusstseinszustand) erscheint, zeigt uns, wie komplementär, verwoben und sich wechselseitig hervorbringend Epistemologie und Ontologie sind:

Wie man ein Phänomen betrachtet, trägt dazu bei, die Art des gesehenen Phänomens mitzubestimmen, und die Art des gesehenen Phänomens trägt dazu bei, das Gesehene mitzubestimmen. Dabei handelt es sich nicht um zwei getrennte und isolierte Dimensionen, sondern um zwei Dimensionen desselben Ganzen (welches auch die Dimensionen von „wir" und „es-plural" hat). Das Universum ist ein massiv verwobenes Ereignis, und die 4 Quadranten (und 8 Zonen – wobei jeder Quadrant aus der Innen- oder Außenperspektive betrachtet wird[20]) sind einfach 4 der offensichtlichsten Beispiele für diese grundlegende Verwobenheit.

Die integrale Theorie übernimmt eine neo-Whiteheadsche Sichtweise der Natur der Existenz von Augenblick zu Augenblick. Wenn nämlich jeder Moment (bzw. Tropfen einer Erfahrung) entsteht, ist er ein Subjekt der Erfahrung (was bedeutet, dass er ein gewisses Maß an Protobewusstsein, Perspektive oder das hat, was Whitehead „prehension" nannte, was berühren oder fühlen bedeutet); und ist auch, was die integrale Theorie hinzufügt, ein Holon (ein Ganzes, das ein Teil anderer Ganzer ist), was ihm vier Antriebe verleiht – Agenz oder der Antrieb, ein autonomes Ganzes zu sein, und Kommunion oder der Trieb, ein Teil zu sein und in Beziehung zu stehen, sind die beiden „horizontalen" Anriebe, die auf der gleichen Ebene von Entwicklung, Komplexität und Bewusstsein operieren. Die beiden vertikalen Antriebe sind Eros oder der Drang, sich auf höhere Ebenen der Ganzheit, Komplexität und des Bewusstseins hin zu bewegen, und Agape oder der Drang, vorhergehende Ebenen der Ganzheit, Komplexität und des Bewusstseins zu umarmen und einzubeziehen. Ein Molekül hat die Fähigkeit oder den Drang, seine eigene Ganzheit zu sein; und es hat Gemeinschaft oder den Drang, sich mit anderen Molekülen in Beziehung zu setzen. Es hat auch Eros, oder den Drang zu einer höheren Ebene der Ganzheit, vielleicht der einer

---

20 Anm. d. Übers.: Dies ist die Erweiterung der 4 Quadranten zu 8 Hauptperspektiven des Seins, siehe dazu auch Wilber, 2007, Integrale Spiritualität, München: S. 59 ff.

Zelle, und Agape, oder den Drang, seine unteren Ebenen, wie Atome und Quarks, in sein eigenes Wesen einzubeziehen und zu umarmen.

Jeder dieser vier Antriebe hat pathologische Ausprägungen: Eine übertriebene Agenz führt nicht zu Autonomie, sondern zu Entfremdung, Trennung und Isolation; übertriebene Gemeinschaft führt nicht nur zu Beziehung, sondern zu einer Verschmelzung und einem sich in anderen verlieren. Extremer Eros ist nicht nur Transzendenz des Vorhergehenden, sondern Angst vor und Unterdrückung des Vorangegangenen (Phobos); extreme Agape erzeugt nicht nur Umarmung des Vorangegangenen, sondern eine Regression zum Vorhergehenden, letztlich hin zur leblosen Materie (Thanatos, oder Todestrieb). Freud verstand, dass Eros und Thanatos zwei Hauptantriebe sind, aber einer davon ist gesund, der andere ungesund; er hätte Eros und Agape für gesunde Anriebe, und Phobos und Thanatos für ungesunde Antriebe aufführen sollen.

Entsteht ein Augenblick (mit seinen 4 Quadranten) als Subjekt, nimmt er das Subjekt des vorhergehenden Moments wahr, fühlt es oder schließt es ein, das dann folglich zum Objekt wird. Die Einbeziehung des vorherigen Augenblicks oder Subjekts in das Subjekt des neuen Moments stellt den bestimmenden oder kausalen Einfluss dar, den die Vergangenheit auf die Gegenwart hat. Wenn der gegenwärtige Augenblick den vorherigen Augenblick (jetzt als Objekt) einschließt, hat dieser vorherige Augenblick – da er unmittelbar in den gegenwärtigen Augenblick einbezogen ist – offensichtlich einen Einfluss auf den gegenwärtigen Augenblick (in allen 4 Quadranten). (Wobei natürlich alle 4 ineinander verwoben sind und sich gegenseitig bedingen. Wenn ein Quadrant nicht zu seinem Nachfolger passt, wird das gesamte Holon ausgelöscht.)

Der vorangegangene Augenblick beeinflusst und bestimmt jedoch nicht vollständig die Gegenwart, sondern die Gegenwart hat Whitehead zufolge ein gewisses Maß an Kreativität oder Neuartigkeit. Nachdem der vorangegangene Augenblick umarmt und einbezogen wurde – und dessen Subjekt in ein Objekt verwandelt hat – fügt der neue Augenblick oder das neue Subjekt seinen eigenen Grad an Neuheit oder Kreativität hinzu. Wenn nun der Grad der Neuheit des Holons sehr gering ist, wird das bestimmende Element der Gegenwart das Vorhergehende und die Einbeziehung der

Vergangenheit sein, und so wird es erscheinen – *erscheinen*, als ob wir nichts als strikte Kausalität und reine Bestimmung hätten.

Die Wissenschaften, die die einfachsten Holons – wie Atome und Moleküle – untersuchen, neigen dazu, eine deterministische Tendenz anzunehmen und das Universum als eine riesige deterministische Maschine zu betrachten. Aber, wie Whitehead betont, ist wenig Kreativität nicht gleichbedeutend mit gar keiner Kreativität. Selbst Atome zum Beispiel, die nur ein geringes Maß an Neuartigkeit aufweisen, müssen etwas davon haben, weil sie sich zu Molekülen entwickelt haben, was in der Tat ein sehr kreativer Akt war (als ein Eros in Aktion). Die Wissenschaften, die sich mit höheren Holons befassen – zum Beispiel mit Tieren –, betrachten ihren Untersuchungsgegenstand nur selten als streng deterministisch. Ein Physiker kann vielleicht vorhersagen, wo der Jupiter in 100 Jahren sein wird, aber kein Biologe kann vorhersagen, wo mein Hund in einer Minute sein wird.

Whitehead stellte sich diese wahrnehmende Entfaltung als eine Entfaltung in einem Subjekt-Objekt-Strom vor. Für die integrale Theorie findet sie in allen vier Quadranten statt – dem psychisch-spirituellen oder „Ich", dem biophysischen oder „Es", dem kulturellen oder „Wir" und dem sozialen oder „Es-plural". Die zufällige Mutation (im Organismus „Es" oben rechts) und die natürliche Auslese (im ökosozialen System „Es-plural" unten rechts) sind also nur eine Teilmenge einer größeren evolutionären Operation. Kreativität oder Eros – der Antrieb zu höheren Ganzheiten – ist ein inhärenter Drang in allen 4 Quadranten (und in allen Holons überall).

Das bedeutet, neben zahlreichen anderen Dingen, dass deine eigenen Gedanken gerade jetzt in den Strom der menschlichen Evolution eintreten und von Augenblick zu Augenblick durch die tetra-wahrnehmende Vereinigung vorwärts getragen werden. Deine Handlungen in allen 4 Quadranten beeinflussen direkt die Evolution in allen 4 Quadranten.

Kommt ein Gedanke von einer früheren Entwicklungsebene, deren tiefe Grundstrukturen schon vor längerer Zeit als relativ feste kosmische Gewohnheit angelegt wurden, wird dieser Gedanke die Oberflächenmerkmale dieser Ebene beeinflussen. Wenn ein Gedanke nahe der Spitze der Evolution auftaucht – in der heutigen Welt im

Zusammenhang mit Türkis oder der Schaulogik oder einer integralen Sichtweise –, wird er unmittelbar die Struktur dieser Ebene mitbestimmen und an alle zukünftigen Generationen als relativ stabile Bewusstseinsstufe weitergegeben werden.

Und das führt zu einem neuen moralischen oder kategorischen Imperativ für jeden von uns: Handle so, als würde dein Verhalten Teil einer stabilen Struktur werden, die das gesamte zukünftige menschliche Verhalten bestimmt. Die Form der zukünftigen Evolution hängt buchstäblich von uns ab: Je öfter ein bestimmter Gedanke oder eine bestimmte Handlung wiederholt wird, desto stärker wird das entsprechende morphogenetisches Feld, und desto wahrscheinlicher wird sich beides als relativ stabile kosmische Gewohnheit ablagern, eine tatsächliche, ontologisch reale kosmische Gewohnheit, die in die Struktur des Universums für alle zukünftigen Generationen geschnitten wird.

Es gab beispielsweise eine Zeit in der Geschichte der Menschheit, als die einzigen grundlegenden Stufen und Sichtweisen, die die Menschen hatten, archaisch, magisch und magisch-mythisch waren. Und dann begann eine hochentwickelte Seele, in mythischen Begriffen zu denken. In Anbetracht der allgemeinen gemeinschaftlichen Struktur der mythischen Sichtweise und angesichts der Tatsache, dass Männer zum Handeln und zum Eros neigen, während Frauen zur Gemeinschaft und zur Agape tendieren, war diese Person wahrscheinlich eine Frau. Wie dem auch sei, sie begann – ausgehend von ihrem oberen linken oder „Ich"-Quadranten –, diese Denkweise vielen ihrer Freundinnen, die dafür offen waren, mitzuteilen, wobei sie durch ihr oberes rechtes „Es"-Verhalten eine „Wir"-Gemeinschaft schuf, die zu einer mythischen Sichtweise fähig war.

Diese Frauen teilten diese Sichtweise vielen ihrer Partner mit, und wenn die Bedingungen in allen 4 Quadranten für diese Sichtweise günstig waren, wurde sie von der Evolution tetra-selektiert und in allen 4 Quadranten weitergegeben und bildete schließlich die Grundlage für soziale Institutionen im unteren rechten systemischen „Es"-Quadranten. Je mehr diese mythische Gemeinschaft wuchs und die sozialen und kulturellen Umwälzungen überlebte, welche die vorher herrschende Sichtweise ablösten, desto mehr war es wahrscheinlich, dass andere Gemeinschaften durch morphische

Resonanz diese kosmische Gewohnheit aufnahmen. Zunächst gab es beträchtliche Variationen in den grundlegenden Tiefenstrukturen – alles, was erforderlich war, war, dass sie ihren Vorgänger transzendierte und aufnahm –, doch je häufiger eine bestimmte Version ausgewählt wurde, desto mehr wurde ihr morphogenetisches Feld dominant. Heute sind die Tiefenstrukturen dieses mythischen Stadiums überall auf der Welt und in jeder Kultur die gleichen und wiederholen die gleichen wesentlichen Merkmale jener Pionierin, deren Name nicht bekannt ist, die vor Tausenden von Jahren die Originalität, die Kreativität und den Mut hatte, anders zu denken.

Auf die gleiche Weise legen wir heute miteinander die Grundzüge einer integralen Sichtweise fest. Wie trägst du dazu bei? Ganz gleich, ob du mithilfst, sie zu schaffen, oder sie einfach nur studierst, beides hat einen Einfluss. Willkommen an deinem Platz in der Geschichte.

Typologien

Kurz gesagt, *Typologien* – von einfachen Typen, wie männlich/weiblich, bis hin zu komplexeren, wie Myers-Briggs oder dem Enneagramm – sind Qualitäten oder Merkmale, die im Wesentlichen während der gesamten Strukturentwicklung und Zustandsentwicklung gleich bleiben. Wenn du zum Beispiel ein Typ 5 im Enneagramm bist, neigst du dazu, eine 5 bei archaisch, magisch, mythisch, rational, pluralistisch und integral zu bleiben. Typologien wurden immer wichtiger, je mehr wir erkannten, wie dramatisch unterschiedlich die verschiedenen Typen wirklich sind, und dass zum Beispiel ein Enneagramm Typ 4 und ein Typ 7 tatsächlich unterschiedliche Welten sehen, unterschiedliche Eigenschaften, Antriebe, Bedürfnisse, Abwehrmechanismen und Ängste haben.

Es wird deutlich, dass verschiedene spirituelle Systeme, Wachstumstechnologien, therapeutische Techniken usw. im Wesentlichen die Eigenschaften des Persönlichkeitstyps des oder der Begründer widerspiegeln und für diese Typen gut funktionieren, für andere Typen jedoch weniger gut. Deshalb ist es wichtig, wie auch bei den Struktursichtweisen, dass wenn man eine wichtige Botschaft – oder spirituelle Lehre – hat, dass sie so zum Ausdruck gebracht wird, dass sie für jeden Typ verständlich wird. Nur so kann sichergestellt werden, dass möglichst viele Menschen die Botschaft oder Lehre tatsächlich hören und verstehen können.

Typologien können kompliziert werden, und angesichts der großen Anzahl von ihnen ist der Versuch, alle zu berücksichtigen, praktisch unmöglich. Das Beste, was man tun kann, ist, eine oder zwei Typologien auszuwählen, die gut dokumentiert sind und häufig verwendet werden, da sie ihre Nützlichkeit immer wieder bewiesen haben. Ich habe zwei, die ich besonders bevorzuge – das einfache Maskulin/Feminin und das anspruchsvolle Enneagramm.

Die verschiedenen Versionen der Unterschiede zwischen männlich und weiblich sind so alt wie die Menschheit selbst. Viele – die meisten – sind kulturell geprägt und kulturspezifisch, obwohl einige sehr allgemeine Merkmale oft kulturübergreifend auftauchen, wie zum Beispiel, dass Männer im Durchschnitt eine größere Körperkraft haben und Frauen gebären und stillen. So einfach diese

Merkmale auch sind, haben Forscher wie die Feministin Janet Chafetz mit Hilfe der Systemtheorie nachgewiesen, dass diese beiden einfachen Merkmale allein ausreichen, um in den meisten Kulturen zu deutlich unterschiedlichen Geschlechterrollen zu führen, wobei Männer eher zur öffentlichen/produktiven Sphäre und Frauen zur privaten/reproduktiven Sphäre neigen, was nicht auf patriarchalische Unterdrückung, sondern auf einfache Biologie zurückzuführen ist.

Die meisten frühen liberalen Feministinnen, die befürchteten, dass Biologie Schicksal ist, leugneten die Bedeutung oder sogar die Existenz biologischer Unterschiede und glaubten wortwörtlich, dass alle Menschen gleich geboren wurden. Rechtliche, politische und erzieherische Gleichheit ist eine Sache und ein hehres Ideal, aber eine allgemeine funktionale Gleichheit macht nicht viel Sinn und widerspricht der Erfahrung der meisten Menschen. Die moderne Forschung zu hormonellen Unterschieden zeigt zum Beispiel, dass Testosteron eng mit Sex und Aggression verbunden ist, während das bei Frauen vorherrschende Oxytocin eine starke Beziehungsdroge ist, die von der Evolution höchstwahrscheinlich entwickelt wurde, um eine starke Mutter-Kind-Bindung zu gewährleisten, und Frauen im Durchschnitt eine viel größere emotionale Sensibilität verleiht. Ich scherze gerne, dass Frauen etwa 18 Grade und Arten von Emotionen erkennen, während Männer nur 2 erkennen: vorwärts und rückwärts.

Ein integraler Ansatz schreckt nicht vor biologischen Unterschieden zurück. Sie betreffen jedoch nur einen Quadranten – das äußere Individuum (den oberen rechten oder „Es"-Quadranten), das durch die anderen Quadranten verändert, geformt oder sogar umgekehrt werden kann: soziale Systeme, kulturelle Weltanschauungen und psychospirituelle Orientierung. Berücksichtigen wir jedoch den biologischen Quadranten, können wir zumindest die Unterschiede zwischen Männern und Frauen und ihre unterschiedlichen Bedürfnisse, Stärken, Schwächen und Vorlieben anerkennen, wie sie von modernen und postmodernen Forschern erkannt wurden, allen voran vielleicht von Carol Gilligan. Wie wir gesehen haben, legt Gilligans Arbeit nahe, dass Männer dazu neigen, in Begriffen wie Autonomie, Rechte, Handlungsfähigkeit, Gerechtigkeit und

Hierarchie zu denken, während Frauen in Begriffen wie Beziehung, Fürsorge, Verantwortung, Gemeinschaft und Heterarchie denken.

Dies zeigt sich auf sehr viele verschiedene Arten. Männer zum Beispiel fühlen sich wohl, wenn sie in einer starren Haltung sitzen, bewegungslos, und stundenlang ihre inneren Erfahrungen in einer distanzierten, emotionslosen, unerschütterlichen Art und Weise beobachten – dieselbe bewegungslose, emotionslose, starre Haltung, die sie seit ihrer Zeit als Jäger einnehmen und dabei geduldig auf ihre Beute warten. Frauen fühlen sich oft wohler beim Meditieren wenn sie sich bewegen und tanzen und ihre Gefühle als bhakti oder liebende Hingabe ausdrücken. Natürlich können beide Geschlechter beides tun; es kommt nur darauf an, sich dieser angeborenen Neigungen bewusst zu sein und sie gegebenenfalls zu berücksichtigen. Und natürlich zeigen sich diese Unterschiede regelmäßig in Beziehungen, wo Männer mit ihrer ausschweifenden Sexualität ringen und Frauen „die Bindungsangst des Mannes" beklagen.

So wichtig diese geschlechtlichen Unterschiede auch sind, einen noch größeren Einfluss auf den Erfolg einer Beziehung haben die Entwicklungsstufen der Partner. Beziehungen zwischen Menschen auf unterschiedlichen Entwicklungsebenen – z. B. mythisch und rational – überdauern selten ein ganzes Jahr. Menschen, die sich auf der gleichen Stufe befinden, kommen im Allgemeinen recht gut zurecht, auch wenn sie sich in anderen Bereichen erheblich unterscheiden; doch sie können sich unterschiedlich schnell entwickeln, am Ende ein oder zwei Stufen auseinander liegen und eines Morgens aufwachen und „die Person neben sich einfach nicht wiedererkennen."

Martin Ucik analysiert in seinem wunderbaren Buch „*Integrale Beziehungen*" Beziehungen aus einer AQAL-Integral-Perspektive. Mit anderen Worten, er analysiert Beziehungen im Hinblick auf Quadranten (Hauptperspektiven von „Ich", „Wir" und „Es"), Entwicklungsstufen (oder Struktursprossen und ihre Sichtweisen), Entwicklungslinien (oder multiple Intelligenzen), Bewusstseinszustände und Typen; und er stellt fest, dass Beziehungen auch dann gut funktionieren können, wenn sich die Partner in all diesen Dimensionen unterscheiden – mit einer Ausnahme: Entwicklungsstufen (oder Struktursprossen). Für Personen, die sich auf unterschiedlichen

Entwicklungsstufen befinden, hat er lediglich folgenden Ratschlag: „Tut mir leid." Darauf deuten jedenfalls die Erkenntnisse hin.

Dies hat auch erhebliche Auswirkungen auf das Verhältnis zwischen spirituellen Lehrern und Schülern. Im Allgemeinen ist es so, dass spirituelle Lehrer, insbesondere Meditationslehrer, wesentlich höhere Bewusstseinszustände erreicht haben als ihre Schüler, zumindest zu Beginn der Praxis des Schülers. Doch Lehrer neigen dazu, Schüler anzuziehen, die sich auf der gleichen *strukturellen* Entwicklungsstufe befinden, und das aus gutem Grund. Ein rationaler Lehrer und ein pluralistischer Schüler zum Beispiel werden einfach zu viele tiefgreifende Unterschiede haben, und der Lehrer wird sie alle als Teil des bösen, zu verneinenden Egos des Schülers interpretieren, während der Schüler zwar viele Ratschläge über Zustände als zutiefst weise und nützlich, Ratschläge über Strukturen aber als völlig daneben empfinden wird.

Was die Fortsetzung der Lehrer-Schüler-Beziehung betrifft, so fürchte ich, dass hier wieder nur der gleiche Ratschlag gegeben werden kann: „Tut mir leid." Dies ist ein weiterer Grund, warum sowohl Strukturen als auch Zustände in jede umfassende Spiritualität einbezogen werden müssen – um sowohl Lehrern als auch Schülern zu helfen, festzustellen, welche Ratschläge auf der Grundlage ähnlicher Strukturen gut sind und welche Ratschläge auf der Grundlage unterschiedlicher Strukturen abwegig sind, während sie weiterhin gemeinsam die Zustandsentwicklung des Schülers vorantreiben.

Das Enneagramm ist eine ausgeklügelte Typologie, die aus 9 Grundtypen besteht, deren Namen sie gut beschreiben. Sie sind, von 1 bis 9: der Perfektionist, der Helfer, der Macher, der Romantiker, der Beobachter, der Fragende, der Genießer, der Beschützer, der Vermittler. Aus den Namen wird ersichtlich, wie unterschiedlich die einzelnen Typen sind, und es wird klar, dass jeder Typus unterschiedliche gute und schlechte Ausprägungen hat, unterschiedliche Stärken und Schwächen, unterschiedliche gesunde und ungesunde Hauptemotionen und Abwehrmechanismen sowie unterschiedliche spirituelle Neigungen, um nur einige zu nennen.

Einige spirituelle Praktiken funktionieren bei manchen Typen gut, in anderen Fällen sind sie geradezu schädlich. Helen Palmer leistet eine besonders gute Arbeit mit dem Enneagramm, aber es gibt auch viele andere hervorragende Bücher zu diesem Thema. Es geht darum, das Enneagramm oder ähnliche Typologien zu verwenden, um genau zu verstehen, wo sich der Schüler in seiner Gesamtentwicklung befindet, und die Lehren und Praktiken auf den jeweiligen Persönlichkeitstyp zuzuschneiden, so dass in der spirituellen Praxis keine Zeit darauf verschwendet wird, Dinge zu ändern, die sich in den meisten Fällen einfach nicht ändern lassen, genauso wenig wie die Körpergröße oder die ethnische Herkunft des Schülers.

Das Wunder des „Wir"

Ein weiterer wichtiger Punkt, der mehr und mehr Aufmerksamkeit erhält, sind die so genannten „Wir"-Praktiken, d. h. ernsthafte Gruppenpraktiken von Gruppen *als* Gruppen, von Gruppen, die als handelnde Gruppe Praktiken ausüben, mit dem Ziel, die gesamte Gruppe als Gruppeneinheit weiterzuentwickeln, zu transformieren oder anderweitig aktiv werden zu lassen. Es handelt sich nicht nur um eine Gruppe von Einzelpersonen, die jeweils eine individuelle Praxis ausüben, sondern um eine Gruppe, die als Gruppe selbst praktiziert.

Es gibt einen bekannten Spruch: „Der nächste Buddha wird die Sangha (die Gruppe der buddhistisch Praktizierenden als Ganzes) sein." In mancher Hinsicht ist dies nichts anderes als eine grüne Plattitüde (insofern, als für die Grünen „Individualität" selbst fast eine Sünde ist und nur Gruppen-, Team- und kollektive Aktivitäten befürwortet und aktiv betrieben werden). Aber in manchen Fällen ist es etwas viel Höheres – es ist die gefühlte Erkenntnis, dass, auf dem 2. Rang bereits eine völlig neue Art von „Ich" entsteht (und zwar inklusiv, allumfassend und integral – welches alle vorherigen Entwicklungsstufen aktiv wertschätzt, was eine historisch beispiellose Premiere und ein echtes Novum ist) und auch eine völlig neue und andere Art von „Wir" entstehen wird, welches aus Individuen auf integralen und höheren Stufen besteht. Welcher Art würde dieses „Wir" sein? Wie können wir ihm begegnen? Wie würde es aussehen?

Wie bereits erwähnt, hat dieses Thema auf der ganzen Welt großes Interesse geweckt, insbesondere in integralen Kreisen, und es gibt viele Menschen, die aktiv verschiedene „Wir"-Praktiken erforschen und damit experimentieren. Einer der ersten (zumindest in dieser historischen Epoche) und einflussreichsten war vielleicht David Bohm, der in seinem Buch *On Dialogue (Der Dialog)* behauptete, dass sich die Welt in dem schlimmen Zustand befindet, in dem sie sich befindet, weil zu viel egozentrisches, gebrochenes und fragmentiertes Denken herrscht, und dass eine neue Art des Denkens – angetrieben durch den Dialog, bei dem wir Annahmen und Urteile aussetzen, ehrlich und transparent teilnehmen und in Verbindung bleiben – die Tür zu einem authentischeren, realeren und kreativeren Denken öffnen würde, welches in der Lage ist, mit der Weltkrise umzugehen.

Francisco Varela (Mitbegründer des Autopoiesis-Konzepts) und Otto Scharmer (Schöpfer des „U-Prozesses", der diesen Gedankengang fortsetzt) empfahlen einen Gruppenprozess, der auf (1) der *Aussetzung* vergangener Assoziationen und Kenntnisse, (2) der *Neuausrichtung* des Bewusstseins auf die zeitlose, gegenwärtige Quelle und ein sich lösen vom Objekt, in einem gemeinsamen Wirken in einem Gruppenfeld und (3) dem *Loslassen* (und *„Kommenlassen"*) und weg vom „Suchen nach" basiert.

Otto Scharmer erweiterte dies zu seinem „U-Prozess", der sich tatsächlich mit den drei Hauptbewusstseinszuständen befasst – um ein detailliertes Gesamtbewusstsein für ein Problem beginnend im grobstofflichen Bereich zu erlangen; in das subtile Bewusstsein zu wechseln und das Problem von dort aus zu betrachten; dann auf die kausale Quelle, den Willen und die Kreativität zurückzugreifen, um neue Lösungen zu ermöglichen; diese wieder in ihre subtilen Dimensionen zu verschieben; und dann schließlich die Lösung im grobstofflichen Bereich zu materialisieren. (Also: grobstofflich zu subtil zu kausal zurück zu subtil zurück zu grobstofflich. Als ich Scharmer fragte, ob er mit dieser Zustandsinterpretation seines U-Prozesses einverstanden sei, sagte er „100%").

Andrew Cohen empfahl eine Art „intersubjektiven Yoga" (unterer linker Quadrant), bei dem der Einzelne seine Selbstidentität loslässt und sich stattdessen mit dem Bewusstsein selbst (und „dem Grund des Seins") und insbesondere mit dem evolutionären Impuls und dessen Dringlichkeit identifiziert und dann diese evolutionäre Intelligenz durch jedes Gruppenmitglied sprechen lässt. Wenn dies richtig gemacht wird, wird oft berichtet, dass sich dies wie eine „Gruppenerleuchtung" anfühlt.

Olen Gunnlaugson hat sich intensiv mit der „Etablierung von Formen kontemplativer Bildung in der zweiten Person" befasst und Intersubjektivität aus zahlreichen Perspektiven untersucht; zusammen mit Mary Beth G. Moze hat er ein wichtiges Werk geschrieben: „Surrendering into Witnessing: A Foundational

Practice for Building Collective Intelligence Capacity in Groups“[21] (*Praxis*, Bd. 7, Nr. 3).

Die Martineaus haben sich intensiv mit „Wir“-Praktiken beschäftigt, die einen transparenten Kontakt mit jedem Mitglied beinhalten und sich für Formen des „Unser“ und nicht des „Mein“ öffnen. Thomas Hübl hat tiefgreifende Arbeit geleistet, z. B. indem er grobstoffliches Schattenmaterial nahm und „dahinter“ oder „darunter“ subtile und kausale Faktoren las und mit einem Feld eines „Wir ohne ein sie“ arbeitete.

Decker Cunov und seine Kollegen am Boulder Integral Center haben Praktiken wie das „Circling“ entwickelt, bei dem die Gruppenmitglieder lernen, sich auf die anderen zu konzentrieren und offen, nackt und ehrlich alle Gefühle und Reaktionen von Augenblick zu Augenblick zu berichten. Dies kann zu Momenten außergewöhnlicher Intimität in der Gruppe als Ganzes führen.

Der bereits erwähnte Dustin DiPerna hat mit „Wir“-Praktiken gearbeitet, bei denen es anscheinend darum geht, dass das „Wir“ selbst mehrere Ebenen durchläuft (konventionell, persönlich, unpersönlich, zwischenmenschlich, transformatorisch, erwacht, evolutionär und kosmisch). (Auch wenn ich mit dieser Arbeit im Allgemeinen einverstanden bin, sollte zumindest erwähnt werden, dass dies ein heikles und kompliziertes Thema ist, weil das „Wir“ selbst keine dominante Monade[22] besitzt, sondern eine dominante Resonanz- oder Diskursform. Das bedeutet, wenn ein individuelles Holon, wie z. B. mein Hund, aufsteht und durch den Raum läuft, stehen 100% seiner Zellen, Moleküle und Atome auf und bewegen sich ebenfalls durch den Raum – aufgrund seiner dominanten Monade.

Aber keine Gruppe oder kein Kollektiv hat auch nur annähernd diese Art von Kontrolle über seine Mitglieder, die vielmehr in

---

21 Anm. d. Übers.: Hingebendes Bezeugen: Eine grundlegende Praxis für die Ermöglichung kollektiver Intelligenz in Gruppen.

22 Anm. d. Übers.: : d. h. ein „Wir“ hat, anders als ein „Ich“, keine singuläre Ich-Instanz und Ich-Bewusstheit.

Abhängigkeit von ihrer eigenen kosmischen Adresse[23] oder Psychografie miteinander „in Resonanz" gehen. Daher könnten die von Dustin entdeckten Ebenen sehr wohl mit einer bestimmten Gruppe von Individuen mit bestimmten Psychogrammen verbunden sein – alle Mitglieder befanden sich auf grüner oder petrol oder höherer Ebene; alle hatten Zugang zu höheren Zuständen; alle hatten Schattenarbeit geleistet und so weiter. Es ist jedoch nicht festgelegt, dass eine rote Gruppe die gleichen Stufen in der gleichen Reihenfolge durchlaufen würde – oder sogar könnte. Aber dies ist eine wichtige Forschungsarbeit, die ich voll und ganz unterstütze).

Terry Patten hat wichtige theoretische Forschung und praktische Experimente mit „Wir"-Praktiken durchgeführt, darunter viele der oben erwähnten, und er hat seine eigene spezielle „Wir"-Praxis entwickelt, die er „Integrale transrhetorische Praxis" nennt und die sich eher auf „Erhebung" und „Vertiefung" konzentriert als auf „Überredung" oder gar „Lehre". Sein erster Schritt ist die Beschreibung der allgemeinen integralen Theorie in der dritten Person; dann wechselt er in eine Art Bekenntnismodus in der ersten Person und spricht genau darüber, wie er sich in dem Moment fühlt, in dem er versucht, Ideen zu vermitteln, die manche Menschen albern, bedrohlich, unnötig usw. finden werden.

Dies ist ein offener, nackter Bekenntnismodus, der den Schwerpunkt von abstrakten philosophischen Begriffen hin zu zutiefst persönlichen und intimen Begriffen verlagert. Dann wendet er sich an die Gruppe in einem „unordentlichen Wahrheitsgespräch" und lädt alle ein, eine ähnliche Art von Dialog zu führen. Wenn dies tatsächlich gelingt – manchmal gelingt es, manchmal nicht –, springt der gesamte Prozess in eine Art Hyperraum der kollektiven Intelligenz, in dem das „Wir" selbst zu lernen scheint, wie es in dieser neuen Atmosphäre etwas verarbeiten und funktionieren kann. An diesem Punkt kann jede Perspektive (erste, zweite und dritte Person), jede Art des Diskurses (erklärend, befürwortend, illustrierend, fragend)

---

23 Anm. d. Übers.: Unter einer „kosmischen Adresse" versteht Wilber die Verortung eines Menschen aufgrund von AQAL: aus welcher Perspektive, welcher Entwicklungsebene, welcher Entwicklungslinie (Psychografie oder Psychogramm), welchem Zustand und welchem Typus agiert ein Mensch in einer bestimmten Situation? Ein Psychogramm stellt die unterschiedlichen Entwicklungslinien (kognitiv, interpersonell, emotional usw.) eines Menschen gegenüber einer Ebenenskala dar.

und jede Art der Erforschung (transrhetorisch, transrational, transpersonal) ins Spiel kommen, jeweils unter der Ägide dieser Gruppenintelligenz. Wenn es funktioniert, erzeugt es – wie viele dieser Praktiken – Gefühle von Freude, Inspiration, spiritueller Heiligkeit und Kreativität.

Diese Praktiken haben für so viel Aufregung gesorgt, dass Tom Murray in einer verständlichen und hilfreichen Reaktion mit dem Titel „Meta-Sangha, Infra-Sangha: Oder: Wer ist dieses ‚Wir‘, Kimo Sabe?" (in *Beams and Struts*) darauf hinweist, dass ein Großteil der Diskussion in diesem Bereich diffus, schlecht definiert und nebulös ist. Diese verschiedenen Praktiken können, so Murray, tatsächlich mit (1) Gefühlen, (2) geteilter Bedeutung, (3) Zustandserfahrungen, (4) einer entstehenden kollektiven Einheit oder (5) kollektivem Handeln zu tun haben. Und natürlich hat er Recht, und meiner Meinung nach sollte das auch so sein.

Das Problem, mit dem die „Wir"-Praktiken jedoch konfrontiert sind, ist einfach das Problem der Evolution selbst. Die Evolution hat bei den Individuen gerade erst begonnen den 2. Rang zu entdecken; natürlich wird jede Anzahl individueller „Ichs" auf dem 2. Rang notwendigerweise eine Anzahl entsprechender „Wirs" auf derselben Entwicklungshöhe hervorbringen (in diesem Fall petrol oder türkis; gelegentlich – selten – höher). Doch als Gemeinschaft wissen wir noch nicht, wie wir Einzelpersonen zuverlässig hin zum 2. Rang führen. In der Tat wird Transformation in der Psychologie im Allgemeinen noch nicht gut verstanden. Wir wissen einfach nicht genau, welche Faktoren durchgängig eine Transformation bewirken und welche nicht.

Margaret Mahler, die die Entwicklung von Säuglingen und Kindern so genau beobachtet hatte wie niemand sonst in der Geschichte, gab schließlich den Versuch auf, herauszufinden, was dazu beiträgt, hoch entwickelte Individuen hervorzubringen, und kam zu dem Schluss: „Der Löwenanteil der Entwicklung liegt beim Säugling." Eltern, die scheinbar alles falsch machten, konnten trotzdem gesunde und glückliche Kinder zur Welt bringen; und Eltern, die scheinbar alles richtig machten, konnten böswillige kleine Schurken hervorbringen. Es lag hauptsächlich an dem Kind selbst. Dies ist im Allgemeinen nicht das, was die durchschnittlichen aufgeklärten Eltern oder Erzieher hören wollen.

Aber das ist natürlich kein Grund, den Versuch aufzugeben. Menschen fühlen sich fast immer zu „integralen" Ansätzen hingezogen, weil sie zum ersten Mal einen Bericht über die Entwicklung und ihre höheren integralen Stufen gelesen haben und ein tiefgreifendes „Aha-Erlebnis" hatten – „Das beschreibt genau mich!" In den meisten Fällen ist das keine arrogante Überschätzung, sondern eine zutiefst erleichternde Erkenntnis, dass sie nicht dumm sind, dass sie nicht verrückt sind, dass ihre Art, die Welt zu betrachten – ganzheitlich, systemisch, integriert, als Ganzes – nicht abwegig ist, wie fast jeder um sie herum zu denken scheint, sondern dass es sich tatsächlich um eine echte Stufe realer menschlicher Entwicklung handelt, die mehr Tiefe und mehr Höhe und mehr Breite hat als die meisten anderen, und dass sie endlich etwas gefunden haben, das für sie Sinn ergibt.

Aber *wie* genau sie auf eine integrale Stufe gekommen sind, versteht kein Psychologe wirklich und vollständig. Jeder hat irgendeine Theorie – für die Psychoanalyse ist es eine konsequent angewandte „selektive Frustration", die der gegenwärtigen Ebene genug Feedback gibt, um sie gesund zu halten, aber nicht genug, um sie zu fixieren oder in ihr zu verankern. Für Robert Kegan ist es die richtige Kombination aus „Herausforderung und Unterstützung" – die Herausforderung der gegenwärtigen Ebene und die Unterstützung von Reaktionen auf höherer Ebene. Aber wie genau sich das alles auf jede Handlung anwenden lässt, weiß niemand so recht.

Am Integral Institute wenden wir eine Vielzahl von Praktiken an, die wir gemeinsam als „Integrale Lebenspraxis" bezeichnen. Dies funktioniert nach dem Prinzip des so genannten „mehrdimensionalen Cross-Trainings". Studien zeigen zum Beispiel, dass, wenn man eine Gruppe von Meditierenden in diejenigen, die nur meditieren, und diejenigen, die Meditation mit Gewichtheben kombinieren, aufteilt (die Gesamtzahl der Übungsstunden ist in jeder Gruppe gleich), dass – nach der Bewertung durch die Meditationslehrer selbst – diejenigen, die sowohl meditieren als auch Gewichtheben machen, schneller und in größerem Umfang in der Meditation vorankommen als diejenigen, die nur meditieren. Das „Cross-Training" scheint beide Dimensionen zu beschleunigen. Wir verwenden also den AQAL-Rahmen und stellen Praktiken für Körper (grobstofflich, subtil und kausal), Geist, GEIST und Schatten vor – und für das Selbst („Ich"), die Kultur („Wir") und die Natur („Es"). Siehe *Integrale Lebenspraxis* (Kösel Verlag).

Der Punkt bei den „Wir"-Praktiken ist, dass im Hinblick auf die gleiche „Aha!"-Erfahrung, die der Einzelne hatte, als er oder sie zum ersten Mal das Integrale entdeckte, er oder sie absolut weiß, dass es möglich sein muss, etwas Entsprechendes in der „Wir"-Dimension zu entdecken (der obere linke Quadrant hat eine Entsprechung im unteren linken Quadranten – da alle 4 Quadranten sich miteinander entwickeln und hervorbringen). Dabei ist klar, dass die Entdeckung und Ausarbeitung dieses „integralen Wir" so etwas wie eine Voraussetzung für die Umsetzung integraler Institutionen im unteren rechten Quadranten ist. Die Dringlichkeit, ein integrales „Wir" zu finden, könnte also angesichts der Weltkrisen, mit denen wir konfrontiert sind, nicht größer sein.

Aber die Evolution bewegt sich so, wie sie sich bewegt. Mike Murphy erinnert uns daran, dass die Evolution „mehr mäandert als voranschreitet", und dasselbe gilt für die allgemeinen integralen Stufen der Evolution selbst – und zwar in jedem Quadranten (Ich, Wir, Es und Es-plural). Und noch einmal, nicht viel mehr als 5% der Bevölkerung befindet sich auf den integralen Stufen, und diese Bevölkerungsgruppe hat noch nicht gelernt, sich selbst dort auch zu erkennen (d. h., die meisten Menschen auf den integralen Entwicklungsstufen wissen nicht, dass sie auf diesen Stufen sind).

Die Tatsache, dass „Wir"-Praktiken sich in den von Tom Murray aufgezeigten Bereichen ausbreiten können ist also nicht nur verständlich, sondern auch wünschenswert. Wir sind dabei zu lernen, wie wir all diese Bereiche – von Gefühlen über geteilte Bedeutungen bis hin zu Zustandserfahrungen und kollektivem Handeln – aus einer integralen Perspektive angehen können, und es gibt hier noch keinerlei Leitlinien.

Worin wir jedoch sicher sein können, ist, dass der Eros seinen unerbittlichen Druck zur Transformation in allen 4 Quadranten fortsetzen wird, und die Menschen werden auf diesen Drang reagieren, komme was wolle. Die Evolution funktioniert, wie so viele Lernprozesse, durch Versuch und Irrtum – und so sehen wir im integralen Gelände viele Versuche, viele Irrtümer und ein langsames, unaufhaltsames Wachstum zu mehr Wahrheit, Güte und Schönheit.

Noch ein letztes Wort zum „Wir" im Allgemeinen und zu „Wir"-Praktiken im Besonderen. Das Psychogramm jedes Einzelnen in einer bestimmten Gruppe wird ein entscheidender Faktor für die Tiefe oder Höhe sein, welche die Gruppe selbst erreichen kann. Eine Gruppe, in der sich nur 5% der Mitglieder im Integralen befinden, wird niemals ein integrales „Wir" bilden können – die gegenseitige Resonanz wird sich auf einem wesentlich niedrigeren Niveau bewegen. Integral wird manchmal als „ein Elitismus" beschrieben, und das ist wahr – aber es handelt sich um einen Elitismus, zu dem alle eingeladen sind. Es ist einfach unvermeidlich, dass die Menschen, die etwas an „integral" attraktiv finden, größtenteils diejenigen sind, die sich selbst auf einer integralen Entwicklungsstufe befinden, und das sind zur Zeit relativ wenige (wie wir sagten, vielleicht 5%).

Das Gleiche gilt für die Praktiken des „integralen Wir", und diese Voraussetzungen müssen einfach anerkannt werden. Obwohl einer der Punkte einer integralen Herangehensweise an ein beliebiges Problem darin besteht, dieses Thema auf so vielen Ebenen wie möglich anzusprechen (magisch, mythisch, rational, pluralistisch, integral und superintegral – und das schließt das „Förderband" der Spiritualität mit ein), bedeutet dies nicht, dass wir das Integrale selbst dabei leichtfertig übersehen. Die integrale Ebene ist eine Voraussetzung für „integrale Wir"-Praktiken (obwohl jeder zu diesen Praktiken eingeladen werden kann; aber man sollte sich darüber im Klaren sein, dass eine „integrale" Tiefe des „Wir" nicht in einer Gruppe erreicht werden kann, deren Individuen mehrheitlich nicht selbst auf der integralen Ebene sind).

Terry Patten nennt Voraussetzungen, die notwendig sind, um „angemessen" „integrale Wir"-Praktiken ausüben zu können. Diese sind, in seinen Worten:

- eine Stufenentwicklung in den selbstbezogenen Linien zu „Exit Orange" – d. h., an der Schwelle von Orange zu Grün – „Exit Green", „Petrol" oder, für höher entwickelte Möglichkeiten einer Praxis, „Türkies" oder „Indigo" Ebenen (das ist wichtig; „höher entwickelte Möglichkeiten" des „Wir" beinhalten den 2. Rang oder sogar den beginnenden 3. Rang);

- im Hinblick auf ein Wachstum in den Zustands-Stufen die Lockerung der strikten Fixierung der Aufmerksamkeit auf den grobstofflichen „Wachzustand" und den dazugehörigen Gedanken und Gefühlen, und eine grundlegende innere Fähigkeit des Bezeugens (der kausale Bereich);
- die Fähigkeit, die Aufmerksamkeit zu fokussieren und zu lenken und sie so stabil auf andere und das intersubjektive Feld zu richten;
- eine gewisse Einsicht in die Schattendynamik und eine andauernde aufrichtige, nicht defensive Untersuchung der laufenden Schattendynamik;
- eine grundlegende Fähigkeit, Unannehmlichkeiten zu ertragen und die Bedürfnisbefriedigung hinauszuzögern;
- die Integrität und den Mut, die notwendig sind, um über das „gut aussehen" hinauszugehen, um das „Subjekt zum Objekt" zu machen;
- eine ausreichende existenzielle Tiefe, um fähig zu sein, selbstverantwortlich geerdet zu bleiben, während man sich der Weltkrise stellt und sie ernst nimmt; und
- genügend emotionale Intelligenz, Gesundheit und Mitgefühl für sich selbst und andere, um in der Lage zu sein, ein hohes Maß an kognitiver und emotionaler Dissonanz auszuhalten, während man mit anderen in einer grundlegend unproblematischen Weise in einer meist freundlichen und wohlwollenden Präsenz präsent bleibt. (Aus: Patten, T.: Enacting an Integral Revolution. Integral Theory Conference 2013)

All diese Elemente – oder zumindest die meisten davon – sind erforderlich, um die vielleicht wichtigste Voraussetzung für eine Gruppe zu schaffen: die Schaffung von Vertrauen. Dies erfordert vor allem Individuen auf Entwicklungsstufen des 2. Rangs, denn diejenigen auf Stufen des 1. Rangs werden grundsätzlich niemanden auf einer anderen Stufe als ihrer eigenen respektieren, und so entsteht in gemischten Kollektiven des 1. Rangs eine Gruppe mit „ständigem Kopfschütteln". Die Fähigkeit zum „Bezeugen" ist ebenfalls von entscheidender Bedeutung, da die meisten „Wir"-Praktiken von den Mitgliedern verlangen, das Subjekt/Objekt-Gewahrsein aufzugeben und sich in den Zustand des „Bezeugens" oder sogar in den nondualen Zustand zu begeben und somit in der Lage zu sein, fokussiert und zentriert im zeitlosen Jetzt und in der Gegenwart der Frische, Lebendigkeit und Neuartigkeit der Gegenwart zu bleiben. Wenn diese Voraussetzungen weitgehend erfüllt sind, kann ein fruchtbarer Erkundungs-, Experimentier- und Lernprozess in der „Wir"-Gruppe stattfinden.

Was für eine integrale Spiritualität oder vierte Wendung besonders wichtig ist, ist die Erkenntnis, dass ein völlig neuer und historisch beispielloser „Ich"-Raum im Entstehen begriffen ist (mit einer radikal neuen Fähigkeit zu höherer Inklusivität und Fürsorge – und einem tieferen Erleuchtungsprozess, der dieses höhere „Ich" widerspiegelt). So entsteht auch ein neuer und höherer „Wir"-Raum, oder eine Sangha, und auch dieser ist in vielen seiner Eigenschaften historisch beispiellos (einschließlich des Zugangs zu grundlegenden Formen intersubjektiver Intelligenz, die die Menschen noch nie zuvor gesehen oder erfahren haben). Es gibt nicht nur ein neues und höheres „Ich" oder einen Buddha (auf höheren Strukturstufen der Existenz) und ein neues und höheres „Es" oder Dharma (oder Wahrheit, die nicht nur die Wahrheit von Zuständen, sondern auch von Strukturen beinhaltet), es gibt auch ein neues und höheres „Wir" oder eine Sangha (mit einer außerordentlich inklusiven Natur und lebendiger Gruppenintelligenz).

Zentral für eine Integrale Spiritualität ist jedoch nicht, dass sie sich nur auf das kollektive „Wir" konzentriert, sondern dass sie alle vier Quadranten in jedem einzelnen Moment integriert – das „Ich", das „Wir" und das „Es" – das Selbst, die Kultur und die Natur – alle zusammen in der frischen Lebendigkeit und strahlenden Präsenz der Gegenwart. Der neue Buddha wird nicht die Sangha sein, sondern die Vereinigung von Buddha, Sangha und Dharma in einem einzigen fortlaufenden nondualen Gewahrsein und Erwachen.

Die tiefgreifenden Auswirkungen integralen Denkens

Gedanken sind reale Dinge. Manchmal wird gesagt, dass integrale Ansätze keinen großen Einfluss auf die Welt haben. Ich widerspreche dem entschieden. Die Fortschritte, welche die integralen Ansätze allein schon in den letzten fünf Jahren gemacht haben, sind ziemlich verblüffend (und das ist nur eine kleine Auswahl der Fortschritte):

- von einer kompletten Jahresausgabe des *Architectural Review*, die jeden Monat einen Artikel über eine AQAL-Integral-Neuformulierung der Architektur enthält,
- über die Titelseite der *New York Review of Books*, die den AQAL-Rahmen verwendet,
- bis hin zur Veröffentlichung des offiziellen Berichts der britischen Regierung über die Fähigkeit Großbritanniens, auf den Klimawandel zu reagieren, ein mehrere hundert Seiten langer Bericht, der den AQAL-Integral-Rahmen als Grundlage verwendet,
- bis hin zur offiziellen Übernahme des AQAL-Integral-Rahmens durch die Unity Church, für ihre Lehre eines integralen Christentums,
- bis hin zur Gründung der Ubiquity University, einer weltweiten Universität, die durchweg auf integralen Prinzipien beruht,
- bis hin zu Mainstream-Artikeln und Aufsätzen über integrale Medizin, integrale Krankenpflege, integrale Wirtschaft, integrale Psychologie, integrale Spiritualität, integrale Kriminologie – erstaunliche 50 Disziplinen im *Journal of Integral Theory and Practice* wurden unter Verwendung von AQAL-Integral-Begriffen völlig neu formuliert.

Die Formulierung, dass wir „ein Spiel mit Meilen spielen und dennoch Fortschritte nur in Zentimetern sehen", verwendet eine reduktionistische Vorstellung davon, was wirklicher Fortschritt eigentlich bedeutet. Die Klagen über „mangelnden Fortschritt" setzen die reale Welt mit der bloßen sensomotorischen Welt gleich und übersehen die Existenz und grundlegende Realität aller inneren Welträume – von Infrarot über Magenta zu Rot zu Bernstein zu Orange zu Grün zu

Petrol zu Türkis zu Indigo zu Violett zu Ultraviolett – und die sehr realen Phänomene, die in jedem einzelnen dieser sehr realen Welträume gefunden werden können (Welträume, die genauso real sind wie der sensomotorische Weltraum). Wenn dann in der sensomotorischen Welt keine Fortschritte gemacht werden, werden alle anderen Fortschritte, die in den anderen Welträumen gemacht werden, völlig übersehen, und das Gejammer von „gar keine Fortschritte" wird ohrenbetäubend laut.

Echter Fortschritt in der realen Welt beginnt in praktisch allen Fällen damit, dass zunächst in einem bestimmten inneren Weltraum (bernstein oder orange oder grün usw.) eine zunehmende Menge realer Objekte oder realer Phänomene geschaffen wird, die mit dem zu tun haben, was gerade betrachtet wird (oft ein bestimmtes Problem, das einer Lösung bedarf, oder eine bestimmte Erfindung, die benötigt wird, oder eine bestimmte Herangehensweise an ein Problem oder ähnliches).

Diese Objekte, die in dem jeweiligen Weltraum geschaffen werden, sind, wie gesagt, absolut real und ontologisch vorhanden. Wo sind sie gespeichert? Nun, nehmen wir die morphogenetischen Felder im Allgemeinen. Wenn ein neues Protein zum ersten Mal synthetisiert wird, kann es sich auf buchstäblich Tausende verschiedene Arten falten. Doch wenn es sich einmal auf eine bestimmte Art und Weise faltet und diese Art und Weise wiederholt wird, dann wird sich jedes einzelne Protein fortan auf genau dieselbe Art und Weise falten. Wo ist diese „Form" gespeichert? Woher wissen die Proteine die richtige Form, da sie nirgendwo im Protein selbst angegeben ist? Nun, wir könnten einfach sagen, dass sie im Lagerhaus des kausalen Bereichs gespeichert ist, wie es im *Lankavatara Sutra* heißt. Aber wo auch immer es ist, es ist eindeutig irgendwo im realen Kosmos gespeichert, und es hat eindeutig eine *reale kausale Auswirkung* auf die sensomotorische Welt – in diesem Fall auf die Faltung jedes Proteins dieses bestimmten Typs.

Das Gleiche geschah, als beispielsweise die rote Struktur zum ersten Mal auftauchte. Zunächst hätten die Tiefenstrukturen in alle möglichen Richtungen gehen können. Alles, was erforderlich war, war, dass sie ihre Vorgänger „transzendieren und umfassen". Nachdem das geschehen war, hätten sie sich auf ganz unterschiedliche

133

Weise entwickeln können, aber sobald sie sich auf eine bestimmte Art und Weise zu entwickeln begannen, bildeten sich überall auf der Welt rote Strukturen auf die gleiche Weise.

Das war vor vielleicht 10.000 Jahren; und heute, wo immer man Rot auf der Welt findet (und in seinen kognitiven Formen wurde es an Stämmen des Amazonas-Regenwaldes, an australischen Aborigines, an ukrainischen Arbeitern und mexikanischen Staatsbürgern getestet), hat es in jedem Fall genau dieselben Tiefenstrukturen. Wo wird diese Form gespeichert? Nun, wahrscheinlich an demselben Ort, an dem auch das morphogenetische Feld der Proteine gespeichert ist (und wir könnten genauso gut sagen, dass es sich um das Lagerhaus des Kausalreichs handelt, aber es befindet sich an einem sehr realen Ort im sehr realen Kosmos).

Diese roten Strukturen begannen als einige rote Gedanken – einige echte rote innere Phänomene – im oberen linken Quadranten (dem inneren „Ich"-Raum) einer Handvoll Individuen, und durch ihr Verhalten im oberen rechten Quadranten teilten sie es anderen Individuen mit, die es verstehen konnten, und als deren Zahl wuchs, begannen sich rote „Wir"-Strukturen im unteren linken Quadranten (dem intersubjektiven Feld) zu bilden – und echte „rote Wir"-Objekte oder Dinge oder Phänomene begannen sich im unteren linken Quadranten zu bilden.

Als diese sich weiter durchsetzten und die rote Struktur an anderen Orten auf der Welt zu entstehen begann, war ihre Struktur tendenziell dieselbe, die in dieser ursprünglichen Gruppe gewachsen war (so entstanden die magischen Kulturen auf der Welt, mit denselben grundlegenden Tiefenstrukturen, die Jean Gebser so deutlich beschrieben hat). Diese inneren Objekte waren reale Formen, die eine reale kausale Wirkung auf andere Wesen in der Welt hatten. Und als sich diese inneren roten Objekte weiter entwickelten und die Menschen weiterhin in roten Begriffen dachten, drangen diese Objekte schließlich aus dem Inneren der Menschen heraus und begannen, materielle, sensomotorische, soziale Institutionen im unteren rechten Quadranten zu schaffen. Imperien begannen sich zu bilden, und jedes dieser Imperien, insbesondere als es sich mehr und mehr zu Bernstein entwickelte, eroberte zu seiner Zeit den größten Teil der bekannten Welt.

All das kam von inneren Gedanken als absolut realen Objekten oder ontologisch realen Phänomenen, die in ihren primären Formen irgendwo im realen Kosmos gespeichert sind und eine absolut reale kausale Auswirkung auf die sensomotorische Welt haben (so wie die Form des sich faltenden Proteins Auswirkungen hat und die Form jedes einzelnen dieser Proteine schafft, wo immer sie auftritt).

Das ist kreative Entfaltung. Als die repräsentative Demokratie im modernen Westen ihren Anfang nahm, war sie nur ein Gedanke in den Köpfen einiger weniger Denker der Renaissance. Die Vorstellung von „individueller Freiheit" war in der Tat neu, zumindest in jener Epoche, in der Konformität mit dem Bernsteinmythos und eine monarchische Herrschaft die allgemeine Ordnung waren. Doch eine Handvoll Individuen begann, innere orange Objekte zu schaffen – weltzentrische Objekte, rationale Objekte, transmythische Objekte. Sind sie nun losgelaufen und haben auf der Stelle eine demokratische Revolution ausgelöst? Nein, natürlich nicht. Die inneren Objekte waren in all ihren Formen noch nicht klar genug, und in der Tat würde es noch einige hundert Jahre dauern, bis diese orangenen inneren Objekte – als reale Phänomene im realen orangenen Weltraum – die Namen „individuelle Freiheit", „demokratische Repräsentation", „nichtmonarchische Regierung" und so weiter tragen würden.

Diese inneren Gedankenobjekte verbreiteten sich, bis hin zu den Pariser Salons und der „Café-Gesellschaft", wo diese orangenen Objekte immer mehr orangene „Wir"-Räume zu bewohnen begannen und zu realen Objekten und realen Phänomenen im orangenen „Wir"-Weltraum wurden. Und schließlich, nach mehreren hundert Jahren des Aufbaus von inneren Objekten, schwappten diese Objekte mit der Amerikanischen und dann der Französischen Revolution in die sensomotorische Welt hinaus und schufen Institutionen in den rechtsseitigen Quadranten, als Materialisierungen der orangenen inneren Objekte der linksseitigen Quadranten, die seit Hunderten von Jahren entwicklt und im realen Kosmos gespeichert wurden, um schließlich absolut reale Auswirkungen zu haben.

Menschen, die nach „integralem Fortschritt" schreien, sind wie jene, die in der Renaissance, als sich orangenen Objekte der „individuellen Freiheit" zu bilden begannen, auf die Straße liefen und versuchten, auf der Stelle eine demokratische Revolution anzu-zetteln, nur weil einige wenige von ihnen das für eine großartige Idee hielten. Das Problem ist, dass die Idee noch nicht die Zeit und die Anzahl der Individuen hatte, um die inneren Objekte, die die individuelle Freiheit und die repräsentative Regierung dar-stellen, weiter aufzubauen und zu festigen. Es brauchte Hunderte von Jahren, bis diese Ideen, diese inneren Objekte, ausreichend aus-gearbeitet und komplex genug waren, um Formen zu schaffen, die, wo auch immer sie im Kosmos gespeichert waren, eines Tages in der Lage sein würden, die sensomotorische Welt in die Knie zu zwingen.

Und so ist es auch mit dem Integralen. Jedes Mal, wenn du einen integralen Gedanken denkst; jedes Mal, wenn du einen integ-ralen Satz liest oder schreibst; jedes Mal, wenn ein integrales Gefühl deinen Körper durchströmt – jedes Mal baust du damit innere inte-grale Objekte auf, die ganz konkret im realen Kosmos gespeichert werden – und eines Tages eine solche Kraft haben werden, dass auch sie aus ihrem Speicherbereich heraustreten und die sensomotorische Welt entsprechend gestalten.

Und das wird unmittelbar *wegen* der Gedanken geschehen, die *du* hattest; wegen der Ideen, die *dir* durch den Kopf gingen; wegen der Gefühle, die *dein* Herz ein wenig schneller schlagen ließen. Fort-schritt? Fortschritt!!! Du befindest dich inmitten einer der monu-mentalsten fortschrittlichen Bewegungen, die es je in der Geschichte gegeben hat. Deine Bewusstseinsaktivität baut innere Objekte und ontologisch reale Phänomene integraler Natur auf, die konkret im realen Kosmos gespeichert werden und die eines Tages heraus-treten und Männer und Frauen vor Freude und Dankbarkeit und Gnade auf die Knie zwingen werden, und die Geschichte, wie wir sie kennen, neu schreiben und die Welt mit einer größeren Wahr-heit und Güte und Schönheit formen werden, als sie jemals erdacht, gesehen oder gekannt war.

DU, mein Freund, – durch jeden integralen Gedanken, den du hast, denkst, liest, schreibst, teilst, hörst, weitergibst, träumst oder dir vorstellst – treibst allein durch die Tatsache, dass du dieses inte-grale Objekt des Bewusstseins innerlich hältst, einen Fortschritt voran, der die Welt eines Tages zu einer erschütternden Hingabe in

Dankbarkeit und Gnade und allumfassenden Umarmung bringen wird.

Niemand weiß, wie viele innere integrale Objekte im „Ich" und im „Wir" erforderlich sind, bevor sie in die sensomotorische Welt überschwappen und neue Formen erschaffen, wie es sie noch nie gegeben hat. Stelle dir das schiere Ausmaß dieser Transformation in buchstäblich allen Lebensbereichen vor – und fragen wir uns: machen wir tatsächlich nicht genug *Fortschritte*?

Hast du *irgendeine* Vorstellung davon, was hier geschieht? Hast du auch nur die geringste Vorstellung von den weitreichenden Veränderungen, die deine eigenen integralen Gedanken gerade aufbauen? Einfach rauslaufen und eine Revolution starten? Bist du verrückt? Ist dir klar, welche massiven Veränderungen im Bildungswesen, in der Medizin, in der Politik, im Recht, in der Wirtschaft, in der Technologie, in der Energieversorgung, bei der Ernährung, im Transportwesen, in der Strafverfolgung, im Justizsystem – um nur einige wenige zu nennen – für diese integrale Revolution erforderlich sein werden?

Und doch ... ist es eine Gewissheit. Wir wissen das, weil jedes Entwicklungsmodell, das wir kennen, über die pluralistisch/relativistische Entwicklungsphase hinaus eine ganzheitlich/integrale Entwicklungsphase hat. Diese Revolution ist in die Struktur des menschlichen Wachstums, der Entwicklung und der Evolution eingebaut. Ihre Tiefenmerkmale sind, zumindest in ihren frühen Formen, festgelegt worden (ausreichend, um sich in einem Test nach dem anderen zu zeigen).

Du hast bereits genug innere integrale Gedanken gedacht, um genug integrale Objekte zu bauen, die aus ihrem kosmischen Speicher hinausströmen und Entwicklungsmodelle und Tests kausal beeinflussen. Dies ist eine Ebene, welche bereits im Kosmos als eine Stufe festgelegt ist und die auf uns zukommt. Es ist ein Tsunami, der heute noch Tausende von Meilen von der Küste entfernt ist – aber er bewegt sich in diese Richtung, und nichts kann ihn aufhalten. Das ist die Sache mit den Stufen der menschlichen Entwicklung – echte Stufen sind gegeben, sie können nicht übersprungen, umgangen oder durch soziale Konditionierung verändert werden. Ihre Tiefenstrukturen sind kosmische Gewohnheiten – tatsächliche ontologische

Gewohnheiten, die durch wiederholte menschliche Handlungen in das Universum eingraviert wurden – und sie sind so real und unveränderlich wie die Umlaufbahn des Jupiters, die Struktur eines Elektrons oder der Wirkungsmechanismus der DNA.

Welche menschlichen Handlungen betrifft das? Nun, natürlich deine Handlungen. Integrales Denken ist nicht viel älter als 15 oder 20 Jahre – gerade so lange, wie viele von dir und euch daran interessiert sind. Es waren, *mit anderen Worten,* in der Vergangenheit – und sind es sicherlich auch jetzt – deine und eure Gedanken und Ideen, Visionen und Werke, die diese integralen Tiefenstrukturen aufgebaut haben, bis zu dem Punkt, an dem ihre grundlegenden Formen als kosmische Gewohnheiten festgelegt wurden – und deshalb auf uns zukommen, ob wir es mögen oder nicht, ob wir es wollen oder nicht. Seit du deine erste integrale Begegnung hattest, haben sich die inneren Objekte aufgebaut, die sich zu einer Reihe von Tiefenstrukturen zusammengeschlossen haben, welche nun als kosmische Gewohnheiten gespeichert und unwiderruflich in das Universum eingeprägt sind, bereit, mit einem donnernden Crescendo in die sensomotorische Welt einzusteigen, was uns Menschen zutiefst erschüttern wird, und zwar in jedem bekannten Bereich menschlicher Aktivität (so wie es beispielsweise auch Bernstein und Orange und Grün zuvor getan haben).

Schau dir die Welt um dich herum an und betrachte die Landschaft, den Ort, an dem sich die Revolution ereignen wird, und erschaudere vor der Erkenntnis darüber, was in dieser kurzen Zeitspanne erreicht wurde. Die integralen Veränderungen, die bereits stattgefunden haben, geschahen vor dem Hintergrund evolutionärer Veränderungen blitzschnell. Es wird gelegentlich zu Beschleunigungen, aber auch zu Verlangsamungen kommen, da die Evolution weiterhin mehr mäandert als voranschreitet. Aber übersehe bitte dabei nicht den atemberaubenden Fortschritt, der bereits stattgefunden hat und weiterhin stattfindet, da Individuen – und Gemeinschaften – weiterhin zu immer mehr inneren integralen Objekten heranwachsen, welche die Welt im Ganzen neu gestalten werden.

Und was kannst du tun, um zu dieser historischen Revolution beizutragen – genau jetzt, in diesem Moment?

- Jedes Mal, wenn du einen integralen Gedanken denkst; jedes Mal, wenn du eine integrale Idee konzipierst; jedes Mal, wenn sich dein Puls bei dem Gedanken an eine schönere, wahrhaftigere, ethischere Welt von morgen beschleunigt; jedes Mal, wenn du integrale Ideen liest und studierst oder erschaffst und schreibst; jedes Mal, wenn du dich fragst: „Was kann ich tun, um dies herbeizuführen, um dies zu beschleunigen?"

- Jedes Mal, wenn du den Traum von einer integrierteren Zukunft träumst, den Traum von einer harmonischeren Zukunft, den Traum von einer ausgeglicheneren und wertvolleren Erde, den Traum von einer Spiritualität, die den Gott in jedem einzelnen Lebewesen berührt und diesem Gott ein verkörpertes Zuhause in deinem eigenen Wesen gibt;

- jedes Mal, wenn du dich nach einer Zukunft ausstreckst, die auch nur ein wenig ganzheitlicher ist als die heutige;

- jedes Mal, wenn du dir vorstellst, dass irgendeine menschliche Aktivität – von der Erziehung über die Medizin bis hin zur Regierung und zum Recht – in einer umfassenderen und ganzheitlicheren Weise gestaltet wird;

- jedes Mal, wenn du in die Augen eines kleinen Kindes schaust, vielleicht sogar in die deines eigenen, und ihm eine Zukunft wünschst, die von größerer Liebe, Mitgefühl und Fürsorge geprägt ist, und wenn du es im strahlenden Heiligenschein dieses umarmenden Morgens lächeln siehst;

- jedes Mal, wenn du einen Moment ein wenig ganzheitlicher denkst als den vorhergehenden, oder wenn du siehst, wie Teilaspekte in den verbindenden Mustern zusammengeführt werden, oder wenn du dich nach einer Zukunft ausstreckst, in der alle Kinder Gottes nach kosmischen und nicht nach engstirnigen oder vorurteilsbehafteten Maßstäben beurteilt werden;

- jedes Mal, wenn du eine Entscheidung triffst, die der Verbesserung der Menschheit und aller Lebewesen in ihrer Gesamtheit dient; jedes Mal, wenn du Zerbrochenheit und Zersplitterungen siehst, und wie zerrissene und gequälte menschliche Wesen in einer einheitlicheren und

umfassenderen und fürsorglicheren Umarmung zusammengeführt werden; und

- jedes Mal, wenn du dich nach einem Morgen sehnst, der auch nur ein bisschen einheitlicher, inklusiver und umarmender ist als das Heute –

jedes Mal, jedes einzelne Mal, wenn du irgendetwas davon tust, baust du selbst unmittelbar, sofort und unwiderruflich innere integrale Objekte, die sofort im realen Kosmos gespeichert werden und die Größe des Tsunamis, der jetzt auf uns zurast, um ein paar Zentimeter erhöhen. Und wenn du das tust, heißen wir dich, wie wir schon einmal festgestellt haben, an deinem Platz in der Geschichte willkommen. Er ist wohlverdient.

Zusammenfassung

Das waren sieben der zentralsten Punkte, die meiner Meinung nach in jeder integralen Spiritualität vorhanden sein sollten, und das würde jede Vierte Drehung des Rades des Dharma einschließen. Alle diese Punkte sind wichtig. Die Zustände sind natürlich zentral, sie sind unser Mittel zum *Aufwachen*. Aber vielleicht ebenso wichtig, in mancher Hinsicht sogar noch wichtiger, da sie heute in fast keinem spirituellen System vorkommen, sind die grundlegenden Struktursprossen und ihre Sichtweisen.

Es gibt Beispiele für alle großen religiösen Traditionen der Welt auf praktisch allen Ebenen der verfügbaren Sichtweisen, vom 1. Rang bis zum 2. Rang (wie wir bereits beim Buddhismus gesehen haben). Aber die Tatsache, dass es sich um Ansichten auf verschiedenen Ebenen handelt, wird nicht verstanden – es wird angenommen, dass sie alle mit demselben „Gott" oder demselben „GEIST" oder der gleichen allgemeinen religiösen Landschaft arbeiten, und das ist einfach nicht der Fall – die meisten von ihnen repräsentieren Sichtweisen der Spiritualität auf verschiedenen Ebenen. Die Einbeziehung von Strukturen und ihren Sichtweisen in die eigene Spiritualität ermöglicht es, diese Tatsache zu berücksichtigen und somit ein Teil des allgemeinen „Förderbandes" der jeweiligen Spiritualität zu werden, wo die grundlegenden Einsichten dieser Spiritualität in der Sprache, den Perspektiven und den Sichtweisen jeder größeren Struktur-stufe der Entwicklung zum Ausdruck kommen und so Teil der

„vertikalen" Transformation des Individuums von Stufe zu Stufe zu Stufe werden, die in der frühen Kindheit beginnt und in der späten Reife des klugen gealterten Individuums endet.

Und da immer mehr Menschen selbst in die Integralen Stufen eintreten, wird es eine immer größere Nachfrage nach allem geben, was Integral ist – integrale Wirtschaft, integrale Bildung, integrale Medizin, integrale Politik, integrale Spiritualität. Die Nachfrage und das Verlangen, sich von den Begrenzungen der Stufen des 1. Rangs (mythisch, rational, pluralistisch) zur Fülle einer integralen Sichtweise des 2. Rangs zu bewegen, wird immer größer werden.

Die Vorteile dieses Schrittes sind legendär, wie wir bereits dargelegt haben. Ich werde nur einige davon zusammenfassend skizzieren. Indem alle 4 Quadranten einbezogen werden, wird der Krieg zwischen Wissenschaft und Spiritualität beendet.

Die rechtsseitigen Quadranten, zu deren Geltungsansprüchen Wahrheit und funktionale Passung gehören, decken alle wichtigen Naturwissenschaften ab – von der Physik über die Biologie und Chemie bis hin zur Ökologie und Soziologie –, und die linksseitigen Quadranten, zu deren Geltungsansprüchen Wahrhaftigkeit und Gerechtigkeit gehören, decken alle wichtigen Aspekte der Spiritualität ab, von Strukturen bis hin zu Zuständen. Die rechtsseitigen Quadranten umfassen ein Spektrum an Masse-Energie (grobe Energie, subtile Energie, kausale Energie) und die linksseitigen Quadranten umfassen ein Spektrum an Bewusstsein und Kultur (einschließlich Sichtweisen, Erlebensdimensionen, Kunst, Moral, Typologien, Schattenelemente, Therapien, und so weiter).

Ein Spektrum der Entwicklung in allen Quadranten ermöglicht es, dass jede wichtige Disziplin mit dem menschlichen Wachstum und der Evolution koordiniert wird. Eine Sichtweise, die alle Quadranten, alle Ebenen, alle Linien, alle Zustände und alle Typen einschließt, schafft Platz für alles im Kosmos und schließt es großzügig ein. Ultimative Erleuchtung – und die Art und Weise, wie wir aufwachen; Entwicklungslinien – und die Art und Weise, wie wir aufwachsen; Schattentherapien – und die Art und Weise, wie wir aufräumen; und das einzigartige Selbst – und die Art und Weise, wie wir uns in die Welt einbringen: Sie alle werden herzlich aufgenommen und freudig einbezogen.

Dies würde auch für eine Vierte Wendung im Buddhismus gelten. Der Buddhismus, der im Laufe seiner Geschichte ein starkes Interesse an evolutionären, integrierten und systemischen Denkweisen gezeigt hat, ist bereit für eine weitere tiefgreifende Entfaltung, die alle wesentlichen Elemente seiner früheren Wendungen beibehält und die neuen Elemente hinzufügt, die sich entfaltet haben, mit der unerbittlichen Fortsetzung der Evolution durch den GEIST-in-Aktion.

Dritter Teil
Die Zukunft

Die Zukunft der Spiritualität

Was ist die Zukunft der Spiritualität, insbesondere unseres Beispiels, des Buddhismus? Wenn wir uns für einen Moment auf die Strukturen des Bewusstseins konzentrieren und sie mit den Zuständen vergleichen, stellen wir einen Punkt fest, den wir zu Beginn erwähnt haben: Es gibt mindestens zwei sehr unterschiedliche Formen von Spiritualität und spirituellem Engagement. Die erste, die sich auf Strukturen konzentriert – und das bedeutet spirituelle Intelligenz – ist im Wesentlichen ein Glaubenssystem, eine Erzählung oder eine Reihe von Geschichten, eine Lebensphilosophie. Was in den letzten Jahrzehnten absolut offensichtlich wurde, ist, dass es bei diesen Glaubensvorstellungen Stufen gibt – in unserer vereinfachten Form von archaisch über magisch zu magisch-mythisch zu mythisch zu rational zu pluralistisch zu integral und super-integral. Die Unterschiede zwischen den früheren und jüngeren Stufen – bis hin zum ethnozentrischen, mythisch-literarischen Glauben – und den späteren und älteren Stufen – dem rationalen, weltzentrischen und höheren Glauben – sind so groß wie Tag und Nacht.

Es ist kaum zu fassen, dass beide mit denselben Begriffen wie „Religion" und „Spiritualität" bezeichnet werden. (Dasselbe gilt für Strukturen im Allgemeinen und für Zustände, zu denen wir gleich noch kommen werden). Diese Entwicklung der Sichtweisen sind in der Bibel selbst zu sehen, wo in den frühen Abschnitten des Alten Testaments Gott bösartig, rachsüchtig, feindselig, mörderisch, eifersüchtig, rassistisch, sexistisch und gemein ist. Es gibt über 600 Stellen, an denen Gott direkt zu Gewalt oder Mord aufruft, und er spielt mit dem Leben der Menschen – wie dem von Hiob oder Abraham und seinem Sohn – auf die leichtfertigste Weise. Wenn wir zu Jesus kommen – der von der Egozentrik und Ethnozentrik zur Weltzentrik übergeht –, finden wir, dass die Gottheit die Feindesliebe empfiehlt, die andere Wange hinhält und behauptet, dass die

Sanftmütigen die Erde erben werden. Das ist eine ziemliche Entwicklung, und sie steht in gedruckter Form da, für alle sichtbar.

Die gleiche Art von Entwicklung können wir in allen Religionen beobachten, die mit magisch, magisch-mythisch oder mythisch/egozentrisch oder ethnozentrisch begannen. Diese Merkmale des Göttlichen, die ich gerade erwähnt habe, sind keine echten Merkmale der wahren Göttlichkeit, sondern die Göttlichkeit, wie sie den Menschen vor zwei- und dreitausend Jahren erschien und mehr als alles andere die Merkmale der archaischen, magischen und mythischen Strukturen widerspiegelt. Die meisten Religionen, die in diesen frühen Stadien entstanden sind, haben sich auf das mythische Stadium fixiert, sowohl im Osten als auch im Westen. Dies war bis zur Renaissance angemessen, stellte aber darüber hinaus einen kulturübergreifenden Fall von Entwicklungsstillstand in der spirituellen Intelligenz dar. Es ist weltweit immer problematischer geworden, weil die mythischen und früheren Stufen bestenfalls ethnozentrisch sind, und das bedeutet, dass die Welt – etwa 70 % der Welt befindet sich auf mythischen ethnozentrischen Stufen oder darunter, und die meisten dieser 70 % sind religiösen Ursprungs und von religiöser Bedeutung, mit einer mythischen oder noch früheren spirituellen Sichtweise – kulturell in stark befestigte Lager geteilt ist (psychologisch und/oder physisch), die bestenfalls auf gegenseitige Intoleranz und schlimmstenfalls auf den Dschihad (heiligen Krieg) aus sind, den tief sitzenden Glauben, dass nur meine Religion wirklich real und wirklich fähig zu einer echten Erlösung ist.

Sogar Religionen, die offiziell eine rationale, weltzentrische Sichtweise angenommen haben, wie die katholische Kirche nach dem Zweiten Vatikanischen Konzil (wo die Kirche offiziell verkündete, dass andere Weltreligionen in der Tat eine ähnliche Erlösung bieten könnten wie das Christentum, was ein monumentaler Schritt vom Bernstein-Ethnozentrismus zum orangenen Weltzentrismus war) haben oft eine Mehrheit von Mitgliedern, die auf die mythisch-buchstäbliche Sichtweise fixiert bleiben. Der Grund dafür ist, dass die allgemeine Haltung und der Ton der Kirche mythisch bleiben und es am Enthusiasmus fehlt, das Heil gleichberechtigt mit den anderen großen Weltreligionen weltzentrisch zu teilen. Die beiden Päpste, die Papst Franziskus vorausgingen, schienen alles in ihrer

Macht Stehende zu tun, um das Zweite Vatikanische Konzil rückgängig zu machen.

Während die Wissenschaften, die Künste und die Geisteswissenschaften in der Welt durch das Rationale und das Pluralistische hindurcheilen und nun an der Schwelle zum revolutionären Integralen stehen, haben sich die meisten Religionen stolz auf das Mythische und das Ethnozentrische versteift, was dazu führt, dass Religionen – über den Rassismus hinaus – die größte Ursache für Konflikte, Disharmonie, mangelnde Liebe (trotz ihrer gegenteiligen Öffentlichkeitsarbeit), Krieg und Terrorismus in der Welt bleiben werden. In den letzten 30 Jahren war der meiste Terrorismus religiös motiviert, und nicht politisch. Wenn man 30 oder 40 Jahre zurückgeht, wurde Terrorismus fast immer von Gruppen wie der Roten Armee Fraktion, der Baader-Meinhof-Gruppe oder der Palästinensischen Befreiungsarmee begangen.

Ab diesem Zeitpunkt waren die Organisationen, die Terroranschläge verübten, häufiger religiöse Fundamentalisten – darunter Gruppen wie die Hamas und Al-Qaida sowie Mitglieder praktisch aller großen Religionen: Southern Baptists, die Abtreibungskliniken bombardieren; Buddhisten, die Sarin-Gas in der Tokioter U-Bahn einsetzen; Sikhs und Hindus, die sich um die Grenzen Pakistans streiten; Buddhisten und tamilische Hindus, die sich um die wahre spirituelle Wahrheit streiten. Die Wissenschaft bezieht ihre Position oberhalb der rationalen weltzentrischen Sichtweise, wohingegen die Religionen ihre Position auf der unteren Stufe einnehmen, als mythisch-ethnozentrisch, und die lächerliche Debatte (rationale Wissenschaft gegen mythische Religion) ist der Kern unserer Kulturkriege, in denen die religiöse Fraktion sogar auch terroristische Gewalt ausübt.

Das Problem liegt aber noch tiefer. Selbst die höheren Stufen der spirituellen Intelligenz, so überaus wichtig sie auch sind, bewirken für sich genommen keine echte spirituelle Befreiung, kein Erwachen, keine Erleuchtung. Dazu bedarf es einer Bewusstseins- und Persönlichkeitsentwicklung. Dies war schon immer eine der Stärken der meisten buddhistischen Schulen, auf die wir gleich zurückkommen werden. Das Problem ist die große Zahl von Religionen, die sich nur auf Strukturen, nur auf spirituelle Intelligenz stützen (ganz zu schweigen von denen, die sich nur auf ihre mythische Stufe stützen).

Die spirituelle Intelligenz bietet nur eine relative Wahrheit. Als solche verbindet sie sich mit anderen multiplen Intelligenzen – moralischen, zwischenmenschlichen, emotionalen, kognitiven Weltanschauungen, intrapersonalen und anderen – um das isolierte Selbst auf seiner Reise durch das Leben zu leiten. Aber sie tut nichts, um das isolierte Selbst in das Wahre Selbst zu transzendieren, das Selbst als ultimativer GEIST, als reine Soheit oder Ist-heit. Mit anderen Worten, sie tut nichts, um Menschen direkt für die letztendliche Wahrheit zu öffnen, den Grund, das Ziel und das So-Sein der Evolution selbst – vom Kosmischen zum Persönlichen. Die einzigartige Rolle, welche die Spiritualität spielt – das Erwachen der eigenen höchsten Identität zum letztendlichen GEIST durch die Zustandsbereiche – geht völlig verloren.

Der letztendliche Kern eines menschlichen Wesens – die reine, unvergleichliche ICH BIN-Identität als solche – wird nicht einmal erkannt, sondern fälschlicherweise für ein kleines Selbst gehalten, ein Objekt oder eine Ansammlung von Objekten, die ihren bedauernswerten Platz bei all den anderen kleinen, endlichen Objekten im Universum einnehmen, die alle leben, leiden, gequält und gefoltert werden und sterben. Der ungeborene, ungeschaffene, unerschaffene, unsterbliche, liebende und freudig-glückselige Kern des Seins bleibt unerkannt und unverwirklicht, und mit ihm die letztendliche Wirklichkeit. Das Leben zieht vorbei wie ein Traum, eine Blase, eine Fata-Morgana, ein Bild, das in einer Wüste des Leidens schimmert, und niemand ist da, der den Weg weist. Der eine, wahre, einzigartige und radikale Zweck der Spiritualität verkümmert.

Die Zukunft des Buddhismus

Die zentralen Stärken des Buddhismus waren schon immer zweierlei: Erstens wurde er, was die Strukturen betrifft, als eine rationale, weltzentrische Religion geboren (die sich nicht auf mythische Autorität beruft, sondern sich auf persönliche Erfahrung und Vernunft stützt); und zweitens stellt er die Bewusstseinszustände in den Mittelpunkt. Natürlich war dies nicht für alle buddhistischen Schulen – und schon gar nicht alle Schüler – der Ausgangspunkt (geschweige denn, dass sie darüber hinausgegangen wären). Viele Schulen und Schüler sind (wie wir gesehen haben) fest im Magischen oder Mythischen verankert.

Nun ist es durchaus angemessen, dass jüngere Schüler im Rahmen eines allgemeinen Förderbandes die magischen und mythischen Stufen der Dharma-Unterweisung durchlaufen. Solange die höheren Stufen klar benannt und hervorgehoben werden – und hoffentlich lässt der Buddhismus sein eigenes Förderband weiterlaufen und bewegt sich in eine integrale, evolutionäre vierte große Wende des 2. Rangs, die sicherstellt, dass die Lehren des Buddhismus mit der Evolution des Geistes und des Dharma selbst Schritt halten – ist es völlig angemessen, magische und mythische Stufen der Dharma-Lehre zu haben, solange man nicht glaubt, dass sie allein die Lehre erschöpfen oder vollständig erfassen.

Das gilt für jede verfügbare Stufe mit ihrer Sichtweise. Wie bereits erwähnt, konzentriert sich die Mehrheit der buddhistischen Lehre im Westen auf die pluralistische Sicht der spirituellen Intelligenz (zusammen mit kausalen und nondualen Zuständen). Aber die pluralistische Sichtweise glaubt, wie alle Sichtweisen des 1. Rangs, dass ihre Wahrheit und ihre Werte die einzigen wirklichen Wahrheiten und Werte sind, die es gibt. Da Struktur-Sichtweisen (im Gegensatz zu Zustands-Erlebensdimensionen) nicht durch Introspektion gesehen werden können, sind sich die kontemplativen und meditativen Traditionen der Existenz dieser Strukturen und ihrer sich entwickelnden Sichtweisen weitgehend nicht bewusst (wiederum im Gegensatz zu Zuständen, die sie oft recht vollständig abgebildet haben).

Daher neigt der Buddhismus (zusammen mit anderen Religionen) dazu, den Dharma unbewusst mit seiner gegenwärtigen

Sichtweise zu identifizieren – was in den meisten Fällen im Westen, wie wir bereits sagten, bedeutet, dass der Dharma mit der pluralistischen Sichtweise gleichgesetzt wird (während die konventionelle westliche Religion zwei Stufen tiefer mit ihrer mythischen Sichtweise identifiziert wird). Und das ist wirklich problematisch für den Buddhismus (ganz zu schweigen von der typischen konventionellen Religion), weil der Dharma dann ausschließlich durch die pluralistische Linse interpretiert wird.

Der Dharma erbt somit nicht nur die positiven Wahrheiten der pluralistischen Sichtweise (ihre Sensibilität, Fürsorge, ihr Interesse an Bürgerrechten, Umweltschutz, Feminismus und Nachhaltigkeit), sondern auch ihre negativen Seiten und Einschränkungen: Sie ist eine Sichtweise des 1. Rangs und ist daher fragmentiert; sie ist gegen alle Hierarchien und nicht nur gegen Herrscherhierarchien, und daher zögert sie, irgendwelche Wachstums- oder Verwirklichungsholarchien anzuerkennen, und neigt dazu, Entwicklungslandkarten in Strukturen oder Zuständen zu leugnen (obwohl es in allen buddhistischen Schulen eine Fülle von Landkarten der Zustandsstufen gibt); aufgrund ihrer starken Bindung an die pluralistische Sichtweise hält sie pluralistische Wahrheiten für die einzig möglichen Wahrheiten, die es gibt, und setzt daher pluralistische Sichtweisen oft nicht nur mit relativen Wahrheiten, sondern mit der letztendlichen Wahrheit selbst gleich (und setzt somit Leerheit mit nicht-hierarchisch gleich, wohingegen Leerheit weder hierarchisch *noch* nicht hierarchisch, weder beides noch keines von beidem ist); aufgrund seiner Anhaftung an pluralistische Sichtweisen versäumt es dieser Buddhismus, die universelle integrierende Schaulogik (des 2. Rangs) zu verwenden, während die meisten Genies des Buddhismus reichlich Gebrauch von der Schaulogik gemacht haben (von dem bereits erwähnten *Lankavatara Sutra* über Longchenpa bis hin zu Tsongkhapa und Fa-tsang, um nur einige zu nennen).

Dieser Mangel an integrativem Wissen trägt weiter dazu bei, dass der Dharma in seinem Gefängnis des 1. Rangs eingesperrt bleibt (zusammen mit den pluralistischen Korrelaten der Arroganz des 1. Rangs, dem Antihierarchismus, dem Anti-Intellektualismus, dem Antiautoritarismus, dem Antikonzeptualismus und anderen lediglich stadienspezifischen Teilsichtweisen, die den Buddhadharma

148

und seine Chance, sich in die post-postmoderne Welt zu entwickeln, zutiefst lähmen. Vor seinem frühen Tod arbeiteten Traleg Rinpoche und ich an einem Buch, *Integral Buddhism,* das sich mit diesen Begrenzungen des Buddhismus, wie er im Westen (und Osten) im Allgemeinen praktiziert wird, auseinandersetzte, in der Hoffnung, Schülern und Lehrern gleichermaßen dabei zu helfen, zu mehr ganzheitlichen und integralen Sichtweisen des 2. Rangs überzugehen und so mit der Evolution der Buddhanatur und des GEISTES Schritt zu halten.

Die Hoffnung ist also, dass der Buddhismus, soweit es um Strukturen und Zustände geht, beginnt, sein starkes Verständnis von Zustandsbereichen durch Struktursprossen und deren Sichtweisen zu ergänzen. Schließlich gibt es, wie wir gesehen haben, von einzelnen Schülern und Lehrern bis hin zu ganzen Schulen des Buddhismus bereits magische, mythische, rationale, pluralistische und integrale Stufen der strukturellen Sichtweise.

Dies *geschieht also bereits*, und daher ist die Hoffnung, dass es nicht blind und unbewusst geschieht, sondern explizit und bewusst, so dass ein großes Förderband der strukturellen Transformation geschaffen wird. So kann der Buddhismus nicht nur Individuen dabei helfen, sich durch die verschiedenen großen Bewusstseinszustände zu bewegen (grobstofflich zu subtil zu kausal zu bezeugend zu nondual), sondern auch als großer Schrittmacher einer Transformation fungieren, der die Individuen idealerweise auf den früheren Struktursprossen der Existenz (magisch und mythisch) abholt und ihnen hilft, sich auch in die höheren, weiteren und tieferen Sprossen zu bewegen (rational, pluralistisch und integral). Der Buddhismus und andere ebenso umfassende spirituelle Systeme würden somit eine wichtige Rolle dabei spielen, den Menschen nicht nur beim **Aufwachen**, sondern auch beim **Aufwachsen** zu helfen.

Und, was am wichtigsten ist, durch die Einbeziehung eines Verständnisses von Strukturen und Strukturstufen wäre der Buddhismus offen für den Übergang zum 2. Rang, als einem wesentlichen Bestandteil der revolutionären integralen Transformation, die den Planeten zu überrollen beginnt. Wenn er dies nicht tut und auf dem 1. Rang stehenbleibt, riskiert er im Verhältnis zur Wissenschaft das gleiche Desaster wie die christliche Kirche.

Während sich die weltzentrische, rationale Struktur herausbildete, blieb die katholische Kirche auf der mythischen Ebene zurück und wurde so zum Gespött vernünftiger Männer und Frauen überall (Das Rote Meer geteilt? Von einer Jungfrau geboren? Es regnete Blut? Das soll wohl ein Scherz sein!). Die Wissenschaften, (und auch die Kunst und die Ethik usw.) entwickelten sich weiter, die Religionen blieben zurück und sprechen seither vor allem weniger entwickelte Seelen an.

Die Wissenschaft (Kunst, Ethik usw.) bewegen sich bereits auf den 2. Rang zu; der Buddhismus sollte sein eigenes Wachstum und seine eigene Entwicklung mit ihr fortsetzen. Im Gegensatz zu den meisten anderen Religionen hatte der Buddhismus nie Probleme mit der Wissenschaft – beide wurden auf der rationalen Ebene geboren (beide waren auf persönliche Erfahrung, Beweise, Experimente und Vernunft angewiesen, nicht auf mythische Autoritäten und Dogmen). Es wäre schade, wenn Wissenschaft und Buddhismus getrennte Wege gehen würden, die Wissenschaft auf dem Weg in den revolutionären 2. Rang, den Buddhismus auf dem 1. Rang zurückgeblieben hinter sich lassend.

Dies gilt umso mehr, als die Wissenschaft ihre monumentalen Forschungen zur Gehirnfunktion und Neurophysiologie fortsetzt. Obwohl die Wissenschaft immer noch dazu neigt, das Innere zu leugnen – und damit auch den „Ich"-Raum, der die Spezialität des Buddhismus ist (der obere linke Quadrant ist die Heimat von Strukturen, Zuständen und Schatten des subjektiven Bewusstseins; und die Wissenschaft konzentriert sich weiterhin auf den oberen rechten Quadranten, von der String-Physik über die Molekularbiologie bis hin zu Gehirnzuständen). Aber Gehirnzustände wirken sich über die Quadranten-Tetra-Hervorbringung direkt auf Bewusstseinszustände aus (ganz zu schweigen von Bewusstseinsstrukturen und Schatten). Gehirntechnologien wie binaurale Beats und transkranielle Stimulation können bereits Alpha-, Theta- und Deltazustände erzeugen, die das rechte obere Korrelat des linken oberen grobstofflichen, subtilen und kausalen Bewusstseins sind. Wir können so eine Person bereits in wenigen Minuten in den Theta- bzw. subtilen Zustand und den Delta- bzw. kausalen Zustand hineinversetzen, wofür Meditierende manchmal viele Monate brauchen, um dies zu erreichen.

Die Einbeziehung aller 4 Quadranten in jedes spirituelle System beinhaltet eine theoretische Möglichkeit, diese Fakten ohne Widersprüche oder Schwierigkeiten zu berücksichtigen. Und diese Art von Entdeckungen werden sich fortsetzen. Bei tibetischen Mönchen, die seit langem Formen der Mitgefühlsmeditation praktizieren, wurde bereits festgestellt, dass sie deutlich mehr Gamma-Gehirnwellen erzeugen als andere – ein weiterer wichtiger meditativer Zustand, der nun in wenigen Minuten statt in Monaten oder Jahren erreicht werden kann.

Ich habe keinen Zweifel daran, dass auch die Neurotransmitterprofile verschiedener meditativer Zustände (*Savikalpa Samadhi, Nirvikalpa Samadhi, Jnana Samadhi, Sahaja Samadhi* usw.) bald bestimmt werden können, wodurch ein weiterer Gehirnzustandszugang zu entsprechenden Bewusstseinszuständen möglich wird. Dies ist ein weiterer Grund dafür, dass alle Religionen mit der Wissenschaft auf Augenhöhe sein und eine ausgefeilte Metatheorie wie die Quadranten haben müssen, die wissenschaftliche Wahrheiten direkt und nahtlos mit spirituellen Wahrheiten verbindet.

Dazu gehören keine Behauptungen wie die, dass die Quantenmechanik die Mystik beweist.[24] Das sind zwei völlig verschiedene Bereiche, wobei die Quantenmechanik sich mit subatomaren Teilchen in den unteren Ebenen des oberen rechten Quadranten aus der Perspektive einer dritten Person beschäftigt, und die Mystik sich auf

---

24 A.d.Ü: Ken Wilber nimmt hier Bezug auf etwas, was er „Quadrantenabsolutismen" nennt, als eine sehr verbreitete „Angewohnheit", mit der Perspektive eines Quadranten „alles" oder zumindest einiges erklären zu wollen, was nur durch die Einnahme anderer Perspektiven/Quadranten wahrgenommen werden kann.
Ein paar Beispiele: a) Quantenphysik und Mystik (subatomare Teilchen / oberer rechter Quadrant und Seinsgrund / oberer linker Quadrant – weder kann die Quantenphysik die Mystik erklären, noch umgekehrt); b) individuelles Verhalten und soziologisches Verhalten (oberer rechter Quadrant und unterer rechter Quadrant – das Verhalten eines Einzelnen (jemand Deutscher Nationalität trinkt jeden Tag 1 Liter Bier) lässt sich nicht auf alle Deutschen verallgemeinern, und umgekehrt: dass jeder Deutsche im Durchschnitt soundsoviel Liter Bier im Jahr konsumiert bedeutet nicht, dass das jeder Einzelne tut (so entstehen Vorurteile in beiden Richtungen); c) Psychologie und Gehirnforschung – oberer rechter Quadrant und oberer linker Quadrant – die Erkenntnisse der Psychologie ersetzen nicht die Erkenntnisse der Gehirnforschung, und umgekehrt; d) kulturelle Anthropologie / unterer linker Quadrant und Systemtheorie / unterer rechter Quadrant – erstere untersucht mittels Dialog und empathischem Verstehen, Letztere untersucht mit einer abstandnehmenden Beobachtung, beides kann nicht aufeinander reduziert werden. In Kurzform: die perspektivischen Erkenntnisse der Quadranten/Perspektiven ergänzen sich, sind jedoch nicht aufeinander reduzierbar (=Quadrantenabsolutismus).

die höheren Bereiche der Zustände aus der Perspektive einer ersten Person im oberen linken Quadranten bezieht.

Wenn sie sich mit denselben Realitäten befassen würden, dann würde die Beherrschung der Quantenmechanik einen großen Mystiker ausmachen, während die große Mehrheit der professionellen Physiker zwar die Quantenmechanik andeutungsweise verstehen, aber oft keine mystischen Zustände kennen. Außerdem ist Mystik eine der einfachsten Erfahrungen, die Menschen machen können – zum Beispiel die Erfahrung „Alles ist Eins" – die völlige Einfachheit dieses Einsseins ist atemberaubend, wenn man es erlebt.

Die Quantenmechanik mit ihren Schrödinger-Wellengleichungen hingegen ist eines der komplexesten und verworrensten Denksysteme, die je von Menschen erdacht wurden (wie ein bahnbrechender Physiker es ausdrückte: „Wer behauptet, die Quantenmechanik verstanden zu haben, kann sie unmöglich verstanden haben"). Nein, ein Verständnis von Wissenschaft und Spiritualität bedeutet, dass man versteht, wie sie zusammenhängen, aber auch, warum sie unterschiedliche Disziplinen sind, mit unterschiedlichen Methoden, unterschiedlichen Techniken, unterschiedlichen Arten des Wissens und unterschiedlichen Offenbarungen – und wie all dies widerspruchsfrei miteinander verbunden ist. Dies kann ein Verständnis einer Verbindung von Wissenschaft und Spiritualität in der Weise beinhalten, dass die Offenbarung des mystischen Territoriums nur durch die Spiritualität gegeben ist, während die Wissenschaft bestenfalls Karten dieses Territoriums liefert. Zu behaupten, sie seien dasselbe, bedeutet Karte und Territorium zu verwechseln.

Die integrale Theorie und der AQAL-Rahmen erheben den Anspruch, diese Integration reibungslos vollziehen zu können. Aber welche Theorie oder Metatheorie auch immer verwendet wird, es ist eine Aufgabe, die in jeder Spiritualität von morgen enthalten sein muss – und zwar ab sofort.

Jeder Buddhismus der Vierten Wendung (und jede umfassende Spiritualität im Allgemeinen) muss auch zumindest einen Überblick über den Schatten und Techniken zu seiner Bewältigung enthalten (oder alternativ im Kontakt sein mit einer etablierten psychotherapeutischen Fachperson oder Gruppe, an die Schüler mit Schattenproblemen verwiesen werden können).

Roger Walsh, MD, PhD, ist sowohl Psychiater als auch ein Lehrer eines integralen Buddhismus. Er schätzt, dass vielleicht 80 % der Fragen, die in privaten Schüler-Lehrer-Konsultationen während Meditationsretreats an ihn herangetragen werden, am besten mit therapeutischen Techniken und nicht mit meditativen Techniken behandelt werden.

Ich denke, das ist allgemein gültig, und wenn das so ist, bedeutet das, dass 80 % der Ratschläge, die den Schülern von Meditationslehrern gegeben werden, nicht optimal sind (ganz zu schweigen von der zuvor besprochenen Katastrophe, dass die Mehrheit der Ratschläge auch von der pluralistischen Sichtweise kommen, egal welche Sichtweise der Schüler gerade vertritt). Das ist an sich schon sehr problematisch und kann nur behoben werden, wenn der Buddhismus zu einem integralen Buddhismus wird und die Strukturstufen und ihre sich entwickelnden Sichtweisen in seine Gesamtlehre einbezieht – was natürlich eine der Hauptempfehlungen für jeden Dharma der Vierten Wende ist.

Aber ganz gleich, wie weit ein Mensch auf seinem Strukturentwicklungsweg oder seinem Zustandsentwicklungsweg vorangekommen ist, ein belastendes Schattenthema kann die ganze Psyche durcheinander bringen, ganz zu schweigen von der eigenen Praxis und dem Leben im Allgemeinen. Und wie wir festgestellt haben, verfügen nur wenige spirituelle Systeme – insbesondere die großen Religionen – über ein ausgefeiltes Verständnis des psychodynamisch verdrängten Schattens.

Noch ein paar kurze Worte zu Persönlichkeitstypen und Typologien: Wenn man eine Art von Coaching-Berater im weitesten Sinne ist (wobei sich „Coaching" auf alles bezieht, vom Meditationslehrer über den Lehrer für kontemplatives Gebet bis hin zum Psychotherapeuten oder Yogalehrer), zeigt das kurze Studium jeder ausgefeilten Typologie – von Myers-Briggs bis zum Enneagramm – sofort, wie unterschiedlich das Coaching-Programm für verschiedene Persönlichkeitstypen sein muss. Jemand, der Typ 5 des Enneagramms ist – „der Beobachter" – könnte in einer Meditation dieses Typs nur allzu leicht in extremes oder dysfunktionales Bezeugen geraten, da die Praxis des Bezeugens sich mit dem Persönlichkeitstyp des Zeugen oder Beobachters zu einem völlig überzogenen Zustand dysfunktional distanzierten und entpersönlichten Gewahrseins verbindet, was zu großen Schwierigkeiten führt, authentischen Kontakt herzustellen und die manifeste Welt und die eigenen emotionalen Zustände zu spüren – was schlimmstenfalls zu einer entpersönlichten schizoiden Position führt.

Dieser Person würde es besser gehen mit, sagen wir, kontemplativem Gebet, Meditation der liebenden Güte oder Tonglen, also Praktiken, die alle einen authentischen emotionalen Kontakt erhöhen und nicht verringern. Aber dies ist nur ein weiteres Beispiel für das, was ein integraler Ansatz im Allgemeinen tut – nämlich sich von einem „Einheitsansatz" zu befreien, der die Unterschiede zwischen den Menschen übersieht und sie alle in dieselbe Kategorie mit derselben fantasielosen Praxis presst. Die außergewöhnlichen Unterschiede zwischen den Menschen sind eine der wichtigsten Entdeckungen des integralen Ansatzes.

Auch hier müssen wir nicht zu weit gehen. Die Komplexität ist immens, und es ist leicht, sich darin zu verlieren. Genau das ist der Sinn des AQAL-Rahmens: mit möglichst wenigen Dimensionen möglichst viel Realität zu erklären. Dasselbe sollte für Typologien gelten: Wähle eine Typologie aus, die detailliert genug ist (sagen wir, 6 bis 9 Typen), um einen großen Bereich abzudecken, und bleibe dann im Wesentlichen bei dieser; versuche nicht, vier oder fünf Typologien zu mischen und in eine schwindelerregende Anzahl von übermäßig komplexen Typen einzubinden (obwohl es nichts im „integralen Regelwerk" gibt, das dich daran hindert, dies zu tun, wenn du das möchtest). Aber eine gute Typologie – z. B. das Enneagramm oder Myers-Briggs – kann Wunder bewirken, wenn es darum geht, eine Praxis für verschiedene Persönlichkeitstypen fein abzustimmen.

In den letztendlichen nondualen Traditionen wird Nondualität metaphorisch als die Nondualität von Subjekt und Objekt, oder unendlich und endlich, oder Ewigkeit und Zeit, oder Samsara und Nirvana, oder endgültig und relativ, oder Geist und Materie, Eins und Viele, oder – vielleicht am häufigsten – als die Nondualität von Leere und Form beschrieben. Wie das *Herz-Sutra* es ausdrückt: „Das, was Leere ist, ist nicht anders als Form; das, was Form ist, ist nicht anders als Leere."

Leere ist eine Zustandsentdeckung. Das heißt, indem man sich durch alle unteren oder untergeordneten Zustände bewegt und sie transzendiert, bis alle Phänomene – grob, subtil und kausal – transzendiert sind, ist alles, was im höchsten Zustand übrig bleibt, – metaphorisch gesprochen – reine Leere, Offenheit, Transparenz, Nichts, große Weite: Die Entdeckung dieser Leere verleiht ultimative Freiheit, Befreiung, Loslassen, Moksha, Wu, Metanoia, – ungebunden, ungeschaffen, ungeboren, ungemacht, unsterblich. Die Entdeckung dieser Leere ist unendliche Freiheit von allen endlichen Objekten und jeglicher Identität mit diesen Objekten oder deren Festhalten – ob grobstoffliche Objekte, subtile Objekte oder kausale Objekte: alle werden transzendiert und losgelassen.

Doch diese Leere ist nicht eins mit der Welt der Form – der letztendliche nonduale Zustand hingegen transzendiert und umfasst die gesamte Welt der Form. Und wo die Leere eine Sache von Zuständen und Freiheit ist, ist die Form eine Sache von Strukturen und Fülle. Und während sich die Leere seit dem Urknall oder davor nicht verändert hat, haben sich Form und Fülle verändert, da sich das Universum zu immer komplexeren Formen weiterentwickelt hat und somit immer voller und erfüllter wurde. Wie wir bereits erwähnt haben, können wir sehen, wie das Universum immer voller wird, während es sich von subatomaren Teilchen zu Atomen, Molekülen, Zellen und Organismen entwickelt, und von dort zu photosynthetischen Organismen, zu Organismen mit neuronalen Netzen, zu solchen mit reptilienartigen Hirnstämmen, zu limbischen Systemen und zum dreiteiligen Gehirn, dessen neuronale Synapsen die Anzahl aller Sterne im Universum übertreffen.

Auch das Innere dieser Holons hat sich zu immer komplexeren Formen entwickelt, vom frühen Aufnehmen über die protoplasmatische Reizbarkeit, die Empfindung, die Wahrnehmung, den Impuls, das Bild, die Emotion bis hin – beim Menschen – zu Konzepten, Schemata, Regeln, formalen Metaregeln, Schaulogik, den Para-Geist, den Meta-Geist und noch höher (bis hin zum Über-Geist und Super-Geist).

Diese grundlegenden Holons unterstützten, wie wir gesehen haben, verschiedene Weltanschauungen, beginnend beim Menschen mit dem archaischen Bild und dem Impuls, über die Magie, den Mythos, das Rationale, den Pluralismus, das Integrale und das Super-Integrale.

Aber das führt zu einer unausweichlichen Schlussfolgerung: Im Vergleich zu den erleuchteten Weisen von, sagen wir, vor 3.000 Jahren, deren dualer Schwerpunkt im Allgemeinen Mythisch/Nondual war – wobei man ihnen zugute halten muss, dass sie Nondual waren und nicht wie damals üblich kausal – ist ein vollständig erleuchteter Weiser von heute nicht freier (die Leere ist immer noch dieselbe Leere, und daher dieselbe Freiheit), aber er oder sie ist vollständiger (da sich seit der Zeit, als das Mythische die höchste Struktur war, mindestens drei neue und höhere Strukturen entwickelt haben – die rationale, pluralistische und integrale –, die der vollständig entwickelte Weise von heute mit umfassen würde).

Erleuchtung bedeutet, mit anderen Worten, sowohl mit dem höchsten Zustand als auch mit der höchsten Struktur, die zu einem bestimmten Zeitpunkt in der Geschichte auftaucht, eins zu sein. Unter der Annahme, dass beide Weisen den nondualen Zustand erreicht haben (obwohl es wahrscheinlicher ist, dass der frühe Weise bestenfalls den kausalen Zustand erreicht hat), hat der frühere Weise bestenfalls den mythischen Zustand erreicht, und es gibt, sozusagen „über seinem Kopf", mindestens drei höhere, sehr reale Strukturen des Kosmos (rational, pluralistisch und integral), mit denen die früheren Weisen *nicht* eins sind, weil diese noch nicht in signifikanter Weise entstanden sind oder sich entwickelt haben. Der heutige Weise hingegen, der dieselbe nonduale Leere verwirklicht, ist nicht freier als der frühe Weise, aber definitiv vollständiger, da er in seine höchste Identität mindestens drei höhere ontologisch reale Ebenen des Kosmos einbezogen hat. Die Leere beider verleiht die gleiche Freiheit, aber die größere und komplexere Form des letzteren gibt dem modernen Weisen eine wesentlich größere Fülle oder mehr Sein.

Und das ist etwas, was sich eine Vierte Umdrehung der Rades zunutze machen möchte. Leere und Form sind immer noch nondual oder nicht-zwei, aber die Welt der Form hat sich weiterentwickelt, indem sie diesem unaufhaltsamen „schöpferischen Vorstoß in die Neuheit" folgt, und deshalb ist die Identität unseres modernen Weisen voller – sie enthält in seinem oder ihrem Wesen tatsächlich bis zu drei oder vier umfassende Ebenen der Realität, und einen entsprechend größeren, volleren Grad des Seins. Natürlich könnte unser moderner Weiser nur strukturell auf der Ebene der Magie sein und hätte daher weniger Fülle als unser alter mythischer Weiser. Aber wenn man „Erleuchtung" als Einheit mit allen Zuständen und allen Strukturen definiert, die zu einem bestimmten Zeitpunkt in der Geschichte entstanden sind und sich entwickelt haben, wäre der entwickelte Weise von heute nicht freier, aber wesentlich voller/ erfüllter als der Weise von gestern.

Und das ist vielleicht der letzte Punkt, den wir in einen Buddhismus, der eine Vierte Wende erlebt, aufnehmen wollen. Die Evolution geht weiter. Der GEIST-in-Aktion setzt sich fort. Die Entfaltung immer höherer und komplexerer Strukturen der Wirklichkeit geht weiter. Und da Erleuchtung ein Einssein mit dem gesamten Universum beinhaltet, wird Erleuchtung selbst immer reicher und erfüllter, was Whitehead (im Gegensatz zur „ursprünglichen Natur Gottes" oder unveränderlichen Leere) „die konsequente Natur Gottes" nannte, die immer voller wird, und damit wird auch ein Einssein (oder Nicht-Zweisein) mit diesem Gott immer erfüllter (während die Freiheit mit der ursprünglichen Natur Gottes unveränderlich bleibt). Durch die Einbeziehung der Struktursprossen und ihrer Sichtweisen wird die Fülle der Buddhanatur (und nicht nur ihre Freiheit) nachvollziehbar, wodurch die Tiefe unserer Erleuchtung und der Grad unseres Erwachens erhöht werden, als eines der Hauptziele des Buddhismus von Anfang an.

Eine Vierte Wende des Buddhismus steht im Einklang mit seiner Geschichte und seinem eigenen Selbstverständnis und es spricht vieles für sie. Ich schließe mich jenen Schülern und Lehrern an, die argumentieren, dass jetzt tatsächlich die Zeit für eine solche Wende reif ist. Die Welt steht am Rande einer großen Transformation zu einer völlig beispiellosen und radikal neuen Ebene und Art des Bewusstseins, welches – wie die Forschung zeigt – systemisch, einheitlich, ganzheitlich, integral, umfassend, verwoben und verbunden ist. Das bezieht nicht nur unsere Naturwissenschaften, sondern auch unsere Geisteswissenschaften und die Spiritualität mit ein, welche Teil dieser radikalen Transformation sind. Und so lasst uns das Beste unserer Pfade der Großen Befreiung in die moderne und postmoderne Welt tragen und sie damit ebenfalls auf den Sprung in diese neue Transformation vorbereiten. Der Buddhismus wäre dann bereit, der Menschheit noch öfter das zu bieten, was ihn schon immer ausgezeichnet hat. Und das wäre? Als Fachang im Sterben lag, kreischte ein Eichhörnchen auf dem Dach des Tempels. „Es ist nur das", sagte er, „und sonst nichts".

Ausgewählte Werke von Ken Wilber

Eine kurze Geschichte des Kosmos
(Frankfurt: Fischer 1997)

Begleiten Sie Ken Wilber auf eine atemberaubende Reise durch die Zeit und den Kosmos – vom Urknall bis an den Vorabend des einundzwanzigsten Jahrhunderts. Diese leicht zugängliche Zusammenfassung von Wilbers Ideen erweitert nun schon seit zwei Jahrzehnten die Geister, bietet eine Art einheitliche Feldtheorie des Universums und behandelt nebenbei eine Vielzahl verwandter Themen, von Geschlechterrollen über Multikulturalismus, Umweltschutz, die Bedeutung des Internets und vieles mehr.

Mut und Gnade. In einer Krankheit zum Tode bewährt sich eine große Liebe – das Leben und Sterben der Treya Wilber
(München: Scherz, 1992)

Die bewegende Geschichte von Kens Ehe mit Treya und der fünf-jährigen Reise, die sie durch ihre Krankheit, ihre Behandlung und schließlich ihren Tod durch Brustkrebs führte. Kens weitreichende Kommentare werden mit Auszügen aus Treyas persönlichen Tage-büchern kombiniert.

Eros, Kosmos, Logos: Eine Jahrtausend-Vision
(Frankfurt: Fischer 2001)

Der erste Band der Kosmos-Trilogie und das Buch, mit dem das 4-Quadranten-Modell eingeführt wurde. Diese Meisterleistung an Gelehrsamkeit und Vision zeichnet den Weg der Evolution von der Materie über das Leben zum Geist (und möglichen höheren Ebenen) nach und beschreibt die gemeinsamen Muster, die die Evolution in allen drei Bereichen annimmt. Wilber konzentriert sich besonders darauf, wie sich die Moderne und Postmoderne auf Geschlechterfragen, Psychotherapie, ökologische Belange und ver-schiedene Befreiungsbewegungen beziehen.

Ganzheitlich handeln: Eine integrale Vision für Wirtschaft, Politik, Wissenschaft und Spiritualität
(Freiamt: Arbor 2001)

Eine kompakte Zusammenfassung des Integralen Ansatzes als echte „Weltphilosophie", bemerkenswert, weil sie viele reale Anwendungen in verschiedenen Bereichen enthält. Das Buch ist eine beliebte Einführungslektüre, denn es ist kompakt und prägnant und enthält viele praktische Beispiele.

Integrale Spiritualität: Spirituelle Intelligenz rettet die Welt
(München: Kösel, 2007)
Eine Theorie der Spiritualität, die die Wahrheiten der Vormoderne, der Moderne und der Postmoderne – einschließlich der Revolutionen in Wissenschaft und Kultur – würdigt und gleichzeitig die wesentlichen Erkenntnisse der großen Religionen einbezieht.

Boomeritis: eEin Roman, der dich befreit
(Hamburg: Phänomen, 2008)
Die Geschichte der Selbstfindungsreise eines Doktoranden, die brillante Gelehrsamkeit mit boshafter Parodie verbindet. Der Roman zielt auf eines der hartnäckigsten Hindernisse für die Verwirklichung der integralen Vision: eine Krankheit des Pluralismus plus Narzissmus, die Wilber „Boomeritis" nennt, weil sie vor allem die Generation der Babyboomer zu plagen scheint.

Integrale Vision
(München: Kösel 2009, Neuauflage: Wiesbaden: opus magnum, 2024)

Ein leicht zugängliches Buch für jeden, der eine einfache Einführung in Ken Wilbers Denken und seine praktischen Anwendungen, sowohl persönlich als auch global, sucht. Die Schlüsselkomponenten seines Integralen Ansatzes – ein Werkzeug, um „allem einen Sinn zu geben" – sind hier in einer einfachen und eleganten Präsentation zusammengefasst.

Integrale Meditation:
Wachsen, erwachen und innerlich frei werden
(München: O. W. Barth, 2017)

Bereiten Sie sich darauf vor, Ihrem Geist auf radikal neue Weise zu begegnen, wenn Ken Wilber die Integrale Achtsamkeit vorstellt, einen meditativen Ansatz, der auf der Integralen Theorie und Praxis basiert. Diese bahnbrechende Technik verbindet zum ersten Mal in der Geschichte die uralten Pfade der Meditation und Achtsamkeit – oder des Erwachens – mit der modernen Forschung über die psychologische Entwicklung und die menschliche Evolution – dem Erwachsenwerden – und führt so zu einer vollständigen und kraftvoll wirksamen Methode der persönlichen Transformation.

Trump and a Post-Truth World
(Bolder: Shambala, 2017)

Die Welt ist in Aufruhr. Die Demokratien taumeln angesichts von Nihilismus und Narzissmus. Wie können wir angesichts von so viel Antagonismus, Zynismus und Zwietracht die Risse in unseren Gesellschaften kitten? In diesem provokativen Werk wendet Wilber seinen integralen Ansatz an, um zu erklären, wie wir dahin gekommen sind, wo wir sind, und warum es Grund zur Hoffnung gibt. (Dieses Buch ist in einer überarbeiteten Version unter dem Titel „A Post-Truth World" 2024 im gleichen Verlag neu erschienen.)

Die Religion von morgen:
Eine Vision für die Zukunft der religiösen Traditionen
(Hamburg: Phänomen, 2024)

Allen großen religiösen Traditionen liegt ein einziges Ziel zugrunde: das Erwachen zu der erstaunlichen Realität der wahren Natur von uns selbst und des Universums. Gleichzeitig ist diese Kernerkenntnis durch jahrhundertelange kulturelle Aneignung und die Konzentration auf Mythos und Ritual als Selbstzweck in Vergessenheit geraten. Hier zeigt Ken Wilber einen Weg auf, um eine Religion der Zukunft neu zu entwerfen, die die Evolution der Menschheit in jedem Bereich anerkennt, auf der Höhe der Zeit ist und gleichzeitig dieser ursprünglichen spirituellen Vision treu bleibt.

Finding Radical Wholeness: The Integral Path to Unity, Growth, and Delight (Bolder: Shambala, 2024)

Ken Wilber zufolge ist die fortwährende menschliche Suche nach Wachstum und Erfüllung oft unvollständig. In diesem Buch integriert Wilber die Weisheit der Spiritualität, der Psychologie, der Schattenarbeit, der Wissenschaft und der integralen Theorie, um uns einen Weg zu einer radikalen und vollständigen Ganzheit des Aufwachens, des Erwachsenwerdens, des Öffnens, des Aufräumens und des Auftauchens anzubieten. Wilber erörtert auch das integrale sexuelle Tantra. Er stellt verschiedene Praktiken zu Themen wie dem „inneren Zeugen", dem „einen Geschmack" und der Schattenarbeit vor, um uns zu direkten Erfahrungen zu führen, die wir in unser Leben integrieren können. Auf diese Weise verstehen wir wirklich, was Ganzheit bedeutet und können Platz schaffen für alles, was das Leben uns bringt.